AF606782

दिलचस्प देश

चीन

चीन की लोक कला एवं शिल्प

संपादन : सु गांग

हिंदी अनुवाद : प्रभात रंजन

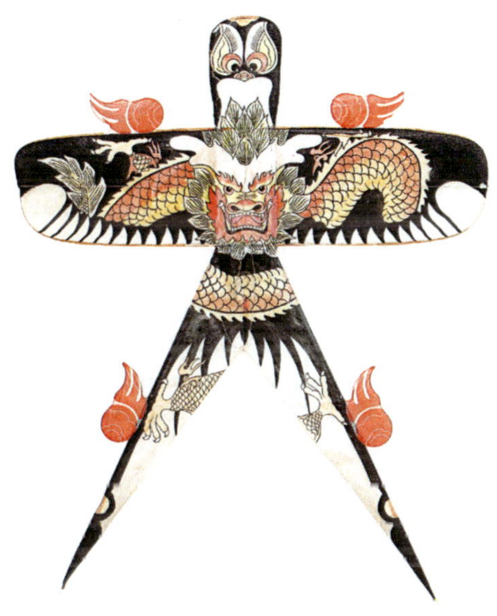

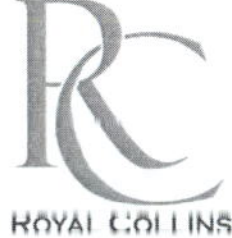

रॉयल कॉलिन्स पब्लिशिंग ग्रुप

Fun Reading about China: Chinese Folk Arts and Crafts

Su Gang

First Hindi Edition 2020
By Royal Collins Publishing Group Inc.
BKM ROYALCOLLINS PUBLISHERS PRIVATE LIMITED
www.royalcollins.com

Headquarters: 550-555 boul. René-Lévesque O Montréal (Québec) H2Z1B1 Canada
India office: 805 Hemkunt House, 8th Floor, Rajendra Place, New Delhi 110 008

ISBN: 978-1-4878-0087-1

We are grateful for the financial assistance of B&R Book Program in the publication of this book.

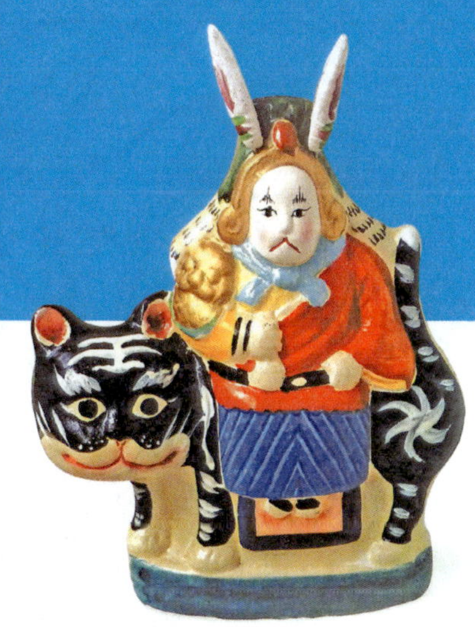

भूमिका

किस प्रकार की चीनी कला एवं शिल्प आपको सबसे अधिक आकर्षित करती है? क्या अत्यंत सुन्दर कढाई कला, चीनी नववर्ष पर की जानेवाली रंगीन काष्ठकला पेंटिंग, लाल रंग के कागज़ को काटकर बनाया गया कलात्मक रूपाकार या सजावट वाले गुच्छे, चीनी मिटटी की बनी नीली-सफेद रंग की वस्तुएं, विभिन्न आकार-प्रकार के चीनी पतंग या मिटटी के बने यीजिंग चायदानी?

हजारों सालों से चीन के लोगों ने असंख्य विश्वविख्यात कलाकृतियों का निर्माण किया जिनमें चीन के विशिष्ट सांस्कृतिक पहलूओं का आकर्षण प्रदर्शित किया। आइये चीन की लोक कला एवं शिल्प की रंगीन दुनिया के बारे में जानते हैं जिसे चीनी सभ्यता ने पोषित किया है।

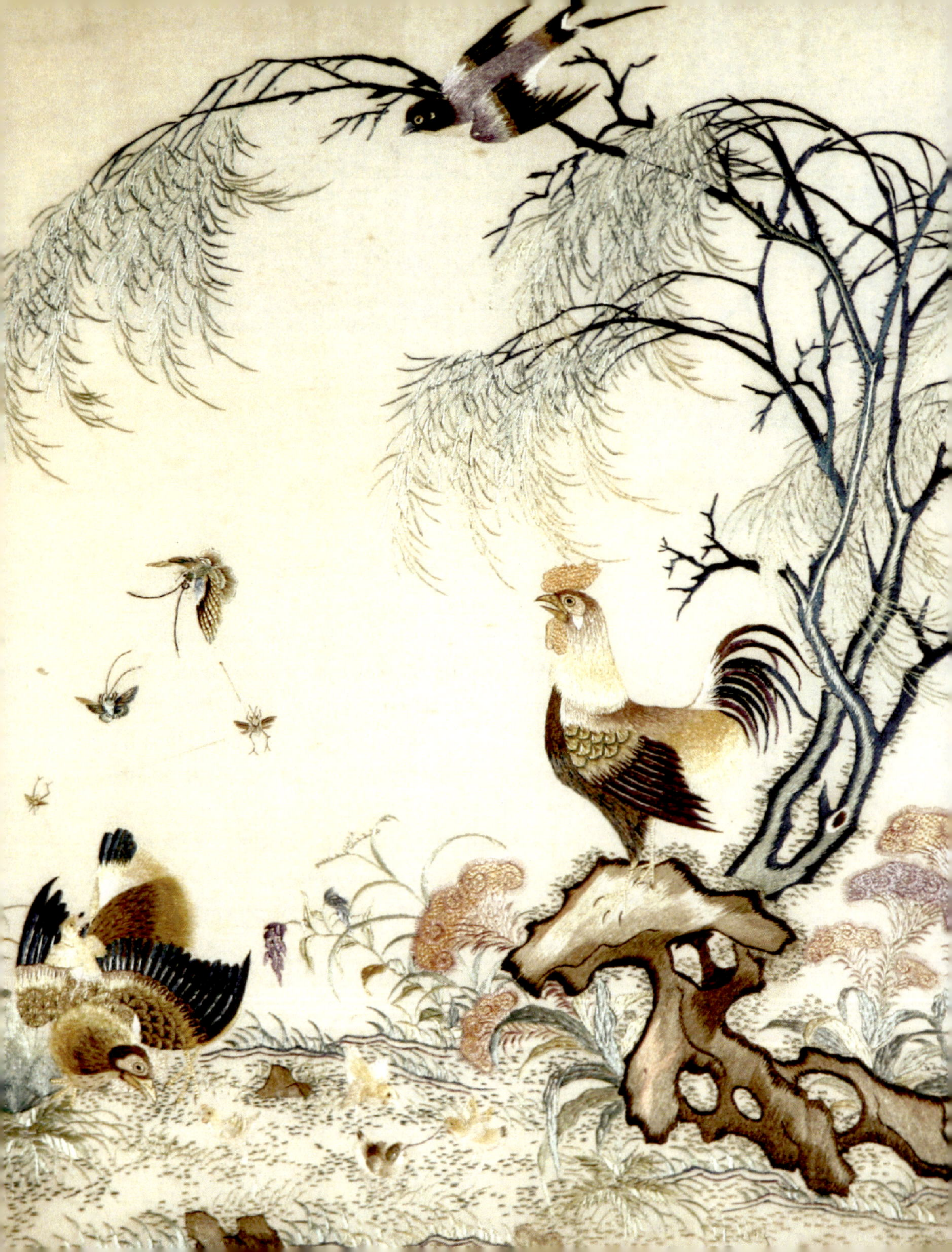

1 लोक कला

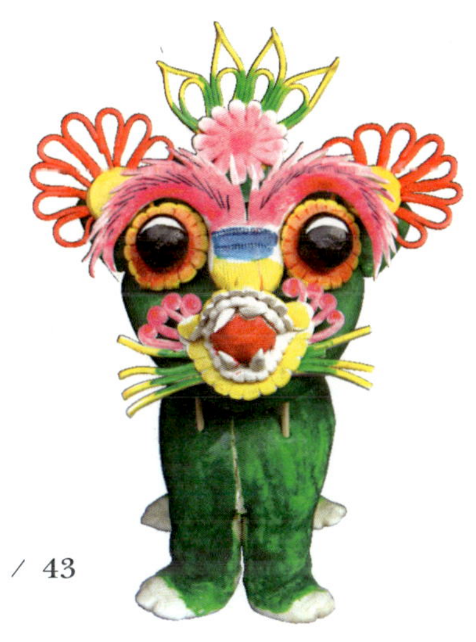

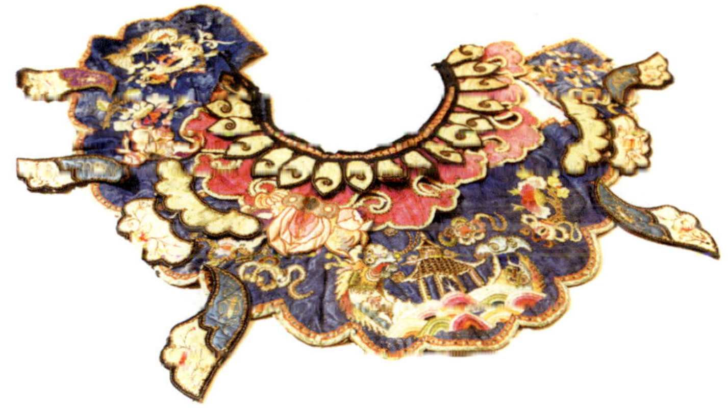

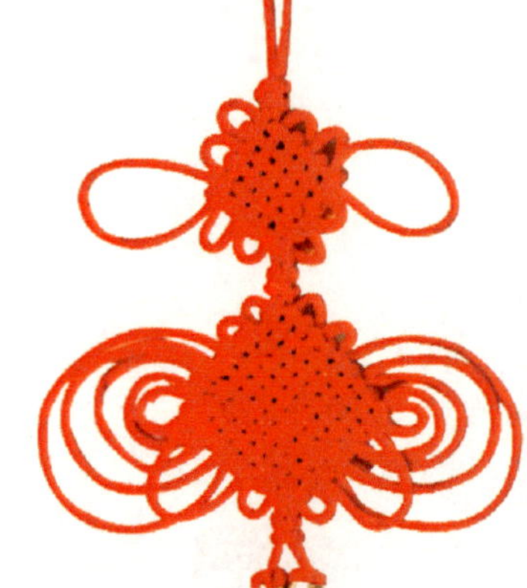

2 लोक शिल्प

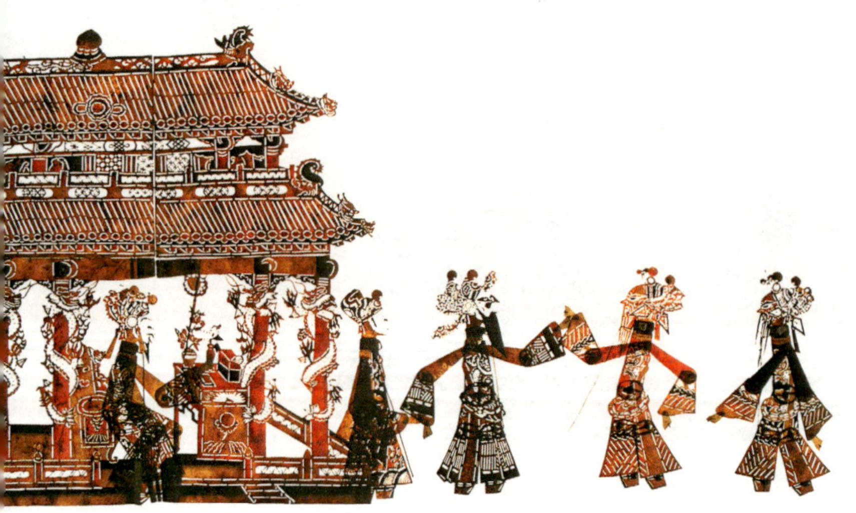

1

लोक कला

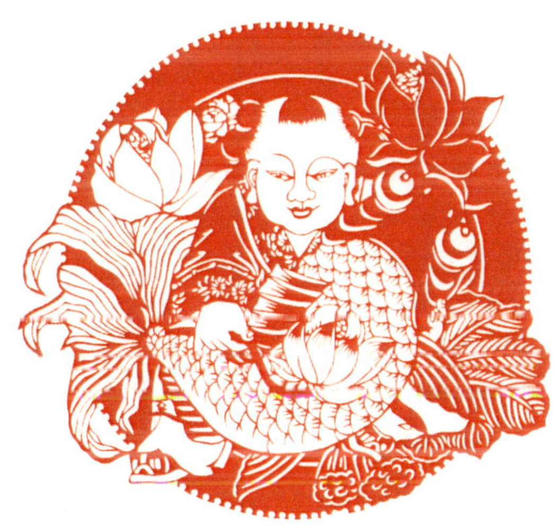

चीनी ज़री एवं कढाई कला

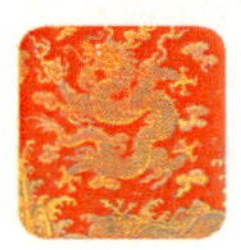
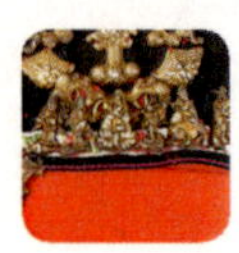
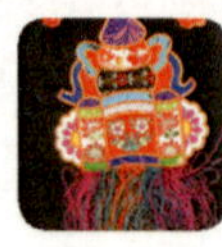
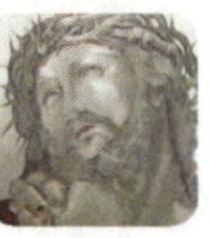
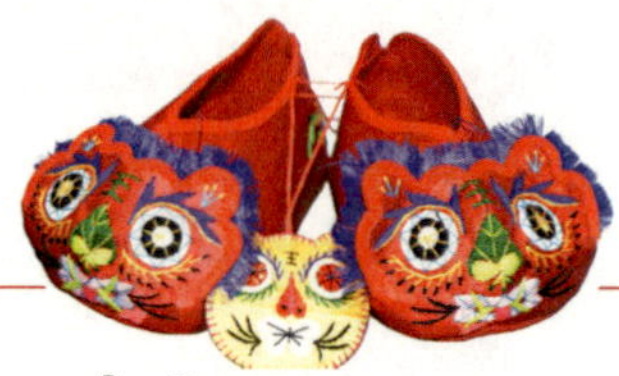

जब चीनी शब्द 'ज़री' एवं 'कढाई' को एक कर दिया जाता है तो वह एक मुहावरा बन जाता है जिसका अर्थ होता है सुन्दर रेशमी वस्त्र और इसके ऊपर चित्रित सुन्दर चीजें खूबसूरत भूदृश्य या सुन्दरतापूर्वक लिखे हुए लेख। कढाई कला शब्द इतना आकर्षक क्यों है कि इसका उपयोग सुन्दरता एवं अच्छी चीजों को बताने के लिए किया जाता है?

राजपरिवार की लोकप्रिय लोक कला

कढाई कला या कशीदाकारी एक हस्तकला है जिसके द्वारा सुई धागों से कपड़ों पर सजावटी डिजाइन बनाये जाते हैं। चीनी कशीदाकारी का इतिहास कई हजार साल पुराना है। इसका जन्म राजपरिवारों की विशिष्ट हस्तकला के रूप में हुआ था, रेशमी वस्त्रों के ऊपर कशीदाकारी से, जो आम आदमियों की पहुँच से दूर था, जिसका आनंद केवल राजपरिवार के लोग एवं गणमान्य लोग ही उठा सकते थे। देश के सर्वोच्च शासक होने के कारण सम्राट आम तौर पर अपने चोगे की मुख्य छवि के रूप में ड्रैगन के चित्र का उपयोग करते थे। जोऊ राजवंश के सभी राजा कशीदाकारी की हुई ड्रैगन

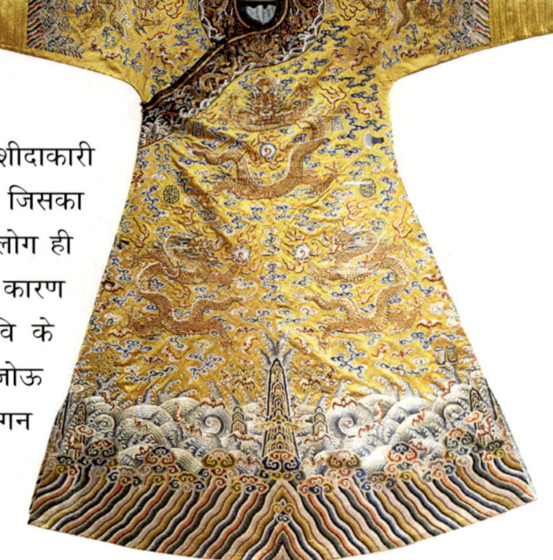

◆ *चिंग राजवंश के राजा क्यानलोंग का ड्रैगन चात्रा जो पीले रंग के रेशम का बना था और जिसके ऊपर मिथकीय चमगादड़ बने थे।*

चोगा पहनते थे जिसके ऊपर सूरज, चाँद, तारे, ड्रैगन और आग की आकृतियाँ बनी हुई होती थीं। मिंग और चिंग राजवंश के दौरान राजदरबार पहनावा ओहदे के महत्व को दर्शाता था, नागरिक अधिकारियों के कपड़ों पर चिड़ियों की कशीदाकारी की गई होती थी जबकि सैन्य अधिकारियों के कपड़ों पर पशुओं के।

धीरे धीरे कशीदाकारी लोक हस्तकला के रूप में सामान्य लोगों में विकसित हुई जिसका उपयोग वे अपने कपड़ों एवं दैनिक आवश्यकता की चीजों के सजावट के लिए करते थे, जैसे थैली, तम्बाकू की पोटली, तकिये के खोल, मेजपोश, और कुर्सी के कुशन। कशीदाकारी की तकनीक चिंग राजवंश के दौरान अपने शिखर पर पहुँच गयी जब बुनाई बेहद महीन होती थी एवं चित्र बेहद सघन।

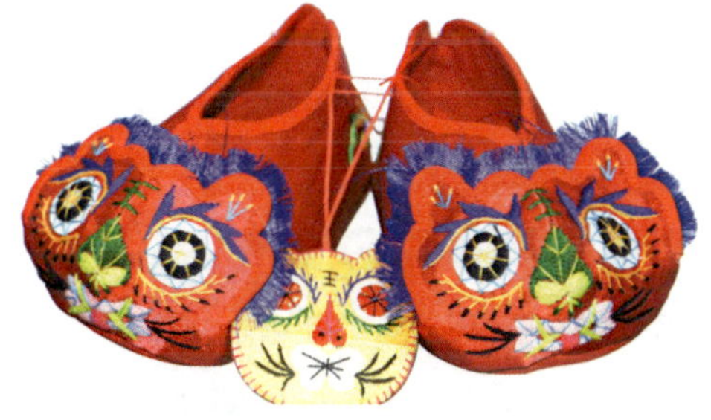

◆ *बच्चों का जूता शेर के सिर की नक्काशी वाला। चीनी परंपरा में शेर को सभी पशुओं का राजा माना जाता था। जूते पर की गई शेर के सिर की नक्काशी को बच्चों के लिए शुभाशी के रूप में देखा जाता था।*

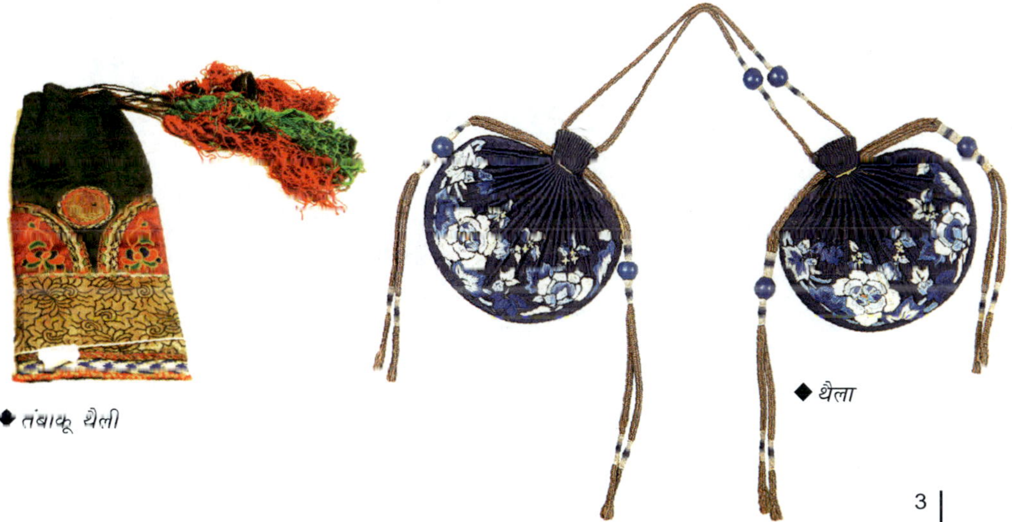

◆ *थैला*

◆ *तंबाकू थैली*

स्त्रियों की विशिष्ट सिलाई कला

चीन की स्त्रियों की सुईकला सामान्य रूप से गूंथने, सीने और कशीदाकारी को इंगित करती है। प्राचीन चीन में पुरुषों के लिए यह माना जाता था कि उनको खेती के काम में बहुत अच्छा होना चाहिए और स्त्रियों को बचपन से ही सिलाई की कला सीखनी चाहिए। कोई स्त्री कितनी गुणसम्पन्न है इसके निर्धारण का एक महत्वपूर्ण मानदंड यह था कि उसको सिलाई का काम कितनी अच्छी तरह से आता था।

पारंपरिक संस्कृति के प्रभाव में अनेक चीनी स्त्रियों ने छोटी छोटी सुइयों का उपयोग करते हुए अनेक जटिल एवं सुन्दर रूपाकारों, छवियों और खुशनवीसी का निर्माण किया। तीन राजवंशों के दौर में राजा वू की विख्यात मैडम जाओ के बारे में कहा जाता है कि रेशम के ऊपर उन्होंने चीन के सबसे प्रसिद्ध पांच पहाड़ी क्षेत्र के अलग अलग राजवंशों के नक्शे की कशीदाकारी की थी।

तांग राजवंश की 14 वर्षीया लड़की लू मेई ने एक फुट लम्बे रेशमी टुकड़े पर 'कमल

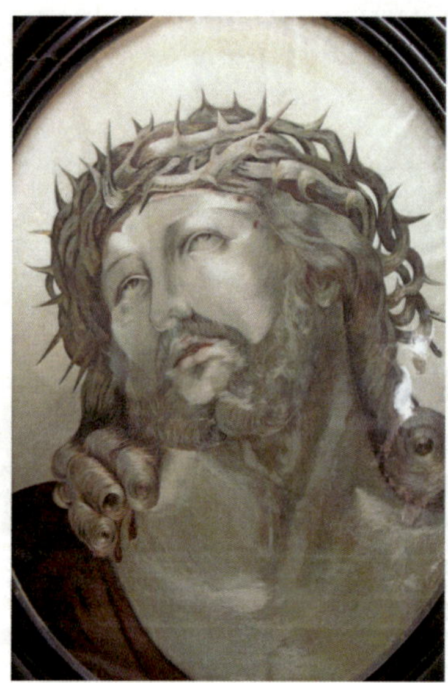

◆ *शेन शोऊ की कशीदाकारी 'जीसस की प्रतिमा'*

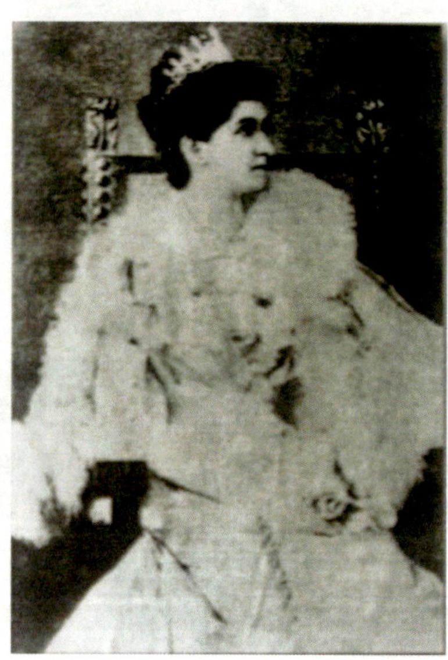

◆ *शेन शोऊ की कशीदाकारी 'इटली की रानी' की प्रतिमा*

सूत्र' के सात खण्डों को अत्यंत बारीक अक्षरों में उभारा था। चिंग राजवंश की स्त्री शेन शोऊ ने अपनी एक विश्व विख्यात शैली का विकास किया था जिसमें कशीदाकारी के माध्यम से वास्तविक जीवन के वस्तुओं या लोगों से जुड़े प्रसंगों की कशीदाकारी शैली विकसित की थी।

चार प्रसिद्ध कशीदाकारी शैली

अनेक शताब्दियों में विभिन्न क्षेत्रों की कशीदाकारी की विशिष्ट शैलियों की पहचान कायम हुई, जिनमें सुजोऊ, हुनान, गुआंगदोंग और सिचुआन की चार प्रसिद्ध कशीदाकारी शैलियों के अलावा मियाओ, यी एवं दोंग जनजातीय अल्पसंख्यकों की विशिष्ट शैली भी शामिल है।

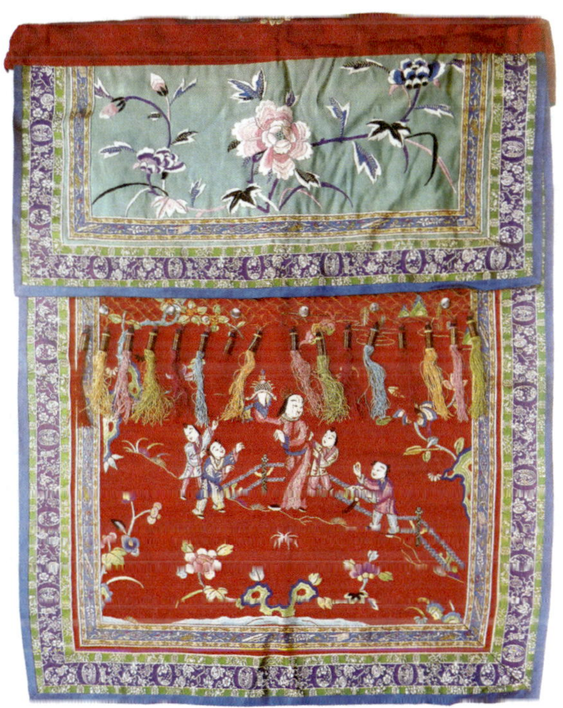

◆ *रेशम के परदे पर की गई बीजिंग कशीदाकारी, जिसके ऊपर खेलते हुए बच्चों के चित्र हैं, जो चिंग राजवंश का है*

सुजोऊ, जियांग्सु प्रांत की सु कशीदाकारी का मुख्यतः उपयोग आंतरिक सज्जा के लिए किया जाता है, जिसमें आकर्षक रंगों, सूक्ष्म डिजाइन तथा विभिन्न प्रकार की सिलाइयों के माध्यम से इस कला में सुघड़ता और कलाकारी का परिचय दिया जाता है। बेहद कुशल विशेषज्ञों द्वारा बनाई गई दोतरफा कशीदाकारी को बेहतरीन कलाकृति का उदाहरण माना जाता है। चांग्शा, हुनान क्षेत्रों की हुनान कशीदाकारी में रेशम के मखमली धागों के इस्तेमाल से रंगों एवं छायाओं की आकृतियों की विशिष्ट शैली का निर्माण किया गया जिसमें चीन की

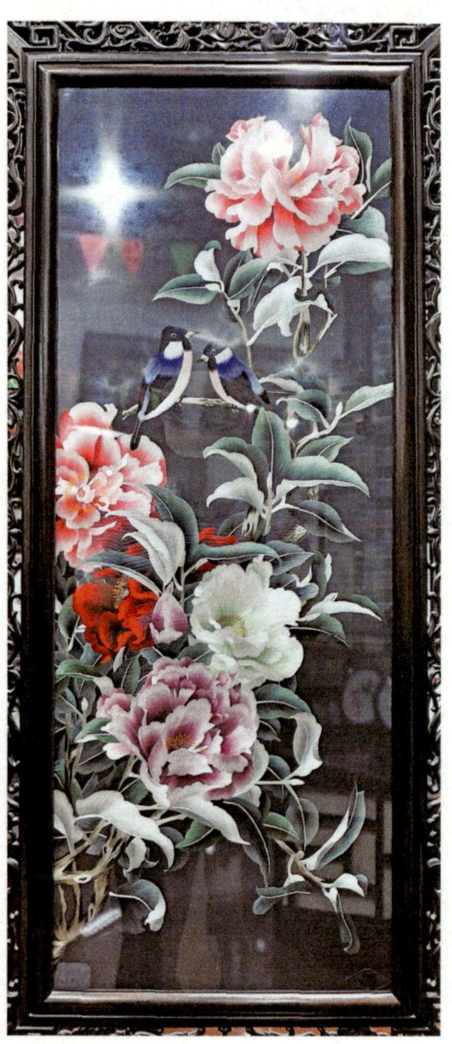

◆ *हुनान नवकाशी फूल और चिड़िया*

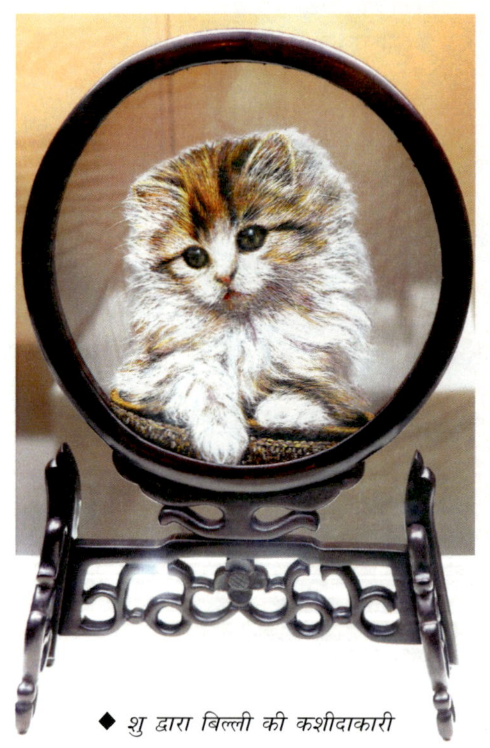

◆ *शु द्वारा बिल्ली की कशीदाकारी*

परम्परागत इंक चित्रकला को आधार के रूप में रखा गया।इस तरह की कशीदाकारी में उसकी मखमली सतह मुखर वास्तविक प्रभाव पैदा करती है। गुआंगजोऊ प्रांत की गुआंगदोंग कशीदाकारी अपने चमकीले रंगों और बारीक सिलाई के लिए जानी जाती है। सिचुआन प्रांत की चेंगडु कशीदाकारी का जोर बारीक सिलाई और स्वाभाविकता के ऊपर रहता है।

मियाओ जनजातीय समूह की कशीदाकारी कला एक ऐसा दृश्य प्रभाव पैदा करती है जिसमें सामंजस्यपूर्ण तरीके से मिलते जुलते

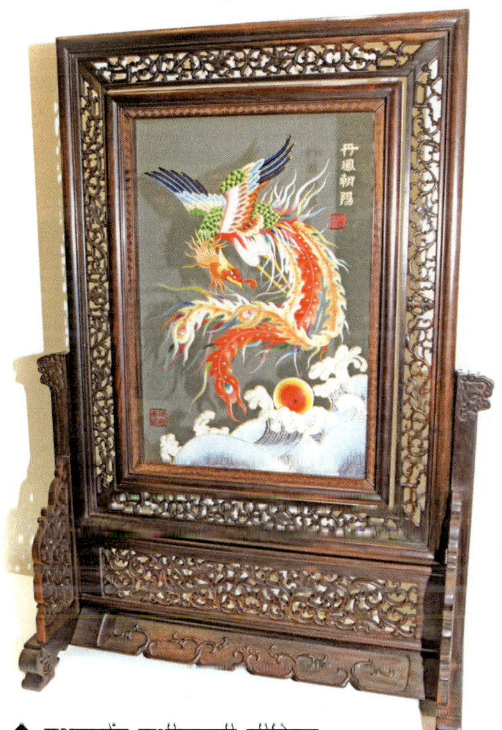

◆ गुआनदोंग कशीदाकारी फीनिक्स

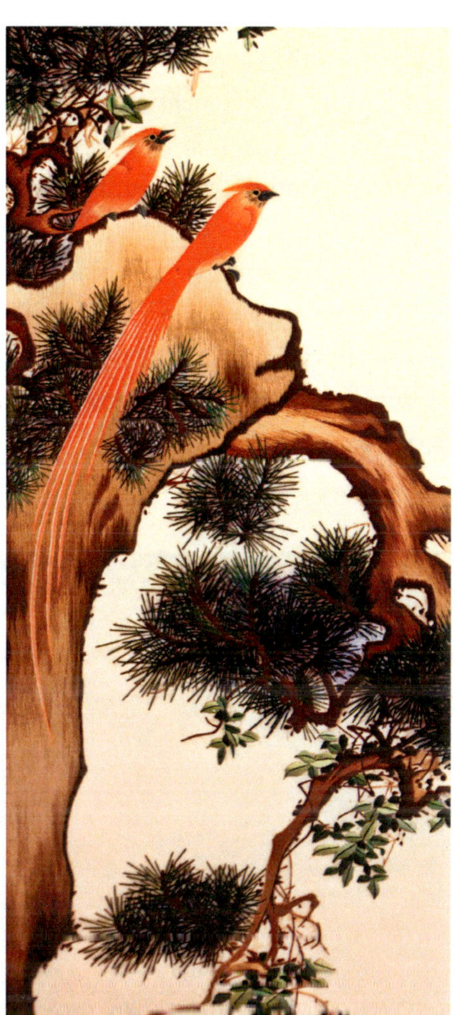

◆ सिचुआन की कशीदाकारी स्वर्ग के तितली पकड़ने वाले

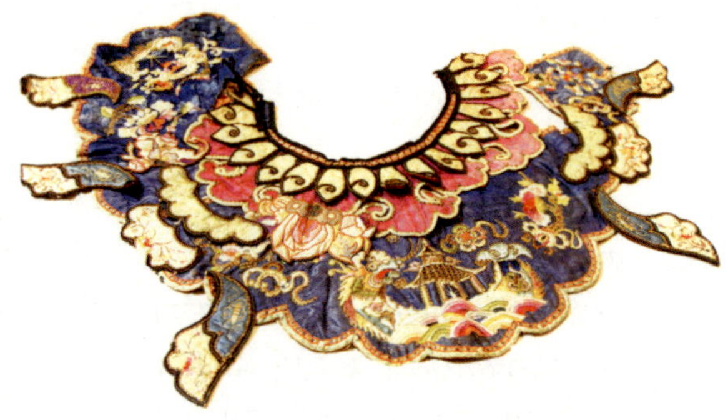

◆ *मियाओ कशीदाकारी सजावटी गमछा*

रंगों एवं अनिश्चित ढंग के ज्यामितीय आकारों को एक साथ प्रस्तुत किया जाता है। यी जनजातीय समूह की बेहद अलग तरह की आड़ी तिरछी कशीदाकारी कला में मुख्य रूप से स्त्रियों के वस्त्रों के लिए हस्तनिर्मित सामग्रियों का उपयोग किया जाता है।

इस तरह के एक वस्त्र को तैयार होने में एक से दो साल का समय लग जाता है। दोंग जनजातीय समूह की कशीदाकारी की हुई कतरनें जिनमें काफी अलग तरह के रूपाकार बने होते हैं और उसके ऊपर बार बार सिलाई की गई होती है जिससे कपड़े अधिक टिकाऊ हो जाते हैं।

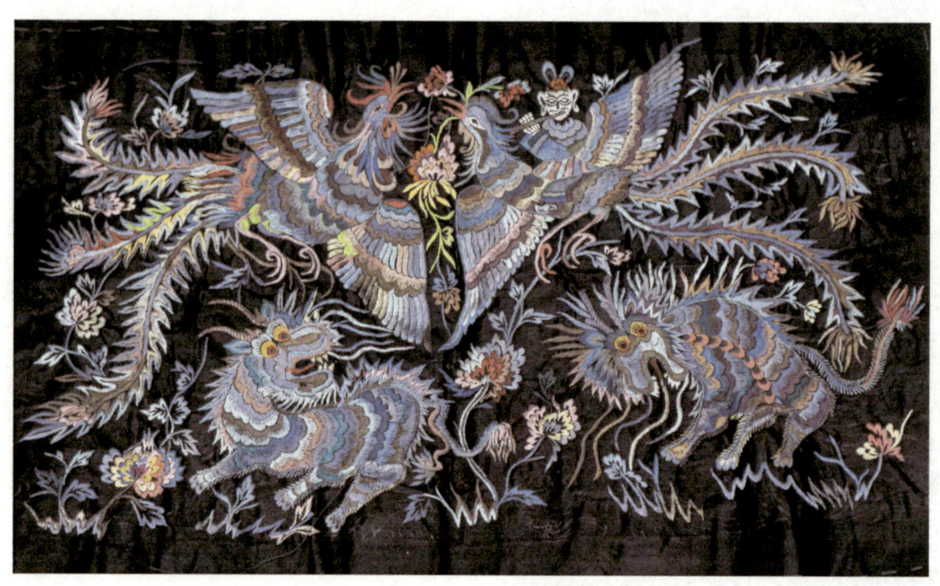

◆ *मियाओ कशीदाकारी*

काष्ठकला निर्मित चीनी नव वर्ष चित्र

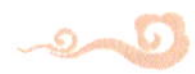

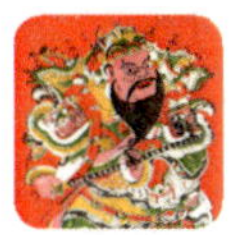
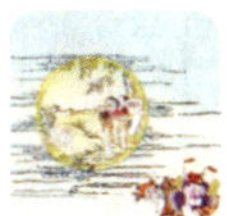
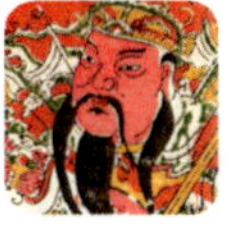
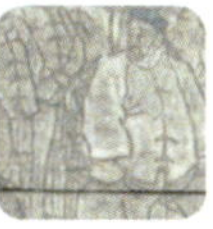

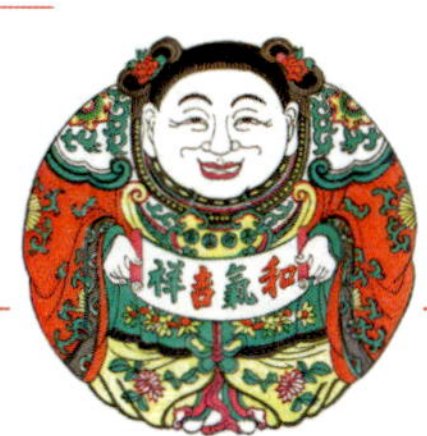

चीनी नव वर्ष चित्र बेहद शुभ प्रतीक हैं, चीन में नव वर्ष के उत्सव के दौरान सजावट के काम में बेहद लोकप्रिय हैं।

चीन के नव वर्ष की छुट्टियों के दौरान लोग इनको अपने दरवाजे पर लगाते हैं और अपनी दीवारों पर लगाकर उत्सव मानते हैं और आने वाले साल के लिए शुभकामना देते हैं।

नव वर्ष द्वार अभिभावक चित्र

चीन में नव वर्ष की छुट्टियों के दौरान द्वार अभिभावक चित्र लगाने की परम्परा के पीछे क्या कहानी है?

कहा जाता है कि तांग राजवंश के सम्राट ली शिमिंग सपने में भूतों के आ जाने के कारण अक्सर बीमार पड़ जाते थे। उनके दो सेनापतियों किन कियोंग और युची गोंग ने यह तय किया कि वह उनके महल के बाहर खड़ा रहेंगे ताकि बुरी शक्तियां अन्दर आकर राजा के सपने में न आ पायें। बाद में राजा ने दोनों सेनापतियों की तस्वीरें दरवाजे पर लगा दीं, अप्रत्याशित रूप से उसका भी वही नतीजा निकला। जब यह कहानी लोगों के बीच फैल गई तो धीरे धीरे इन दो सेनापतियों के चित्र द्वार अभिभावक के रूप में लगाए जाने लगे।

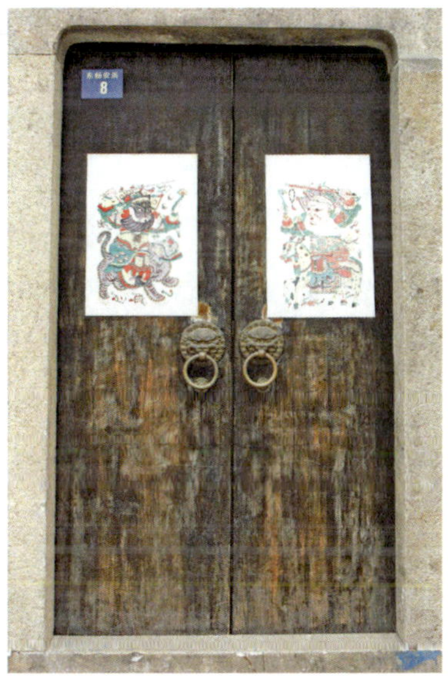

◆ मुख्य पृष्ठ पर चीनी नव वर्ष चित्र

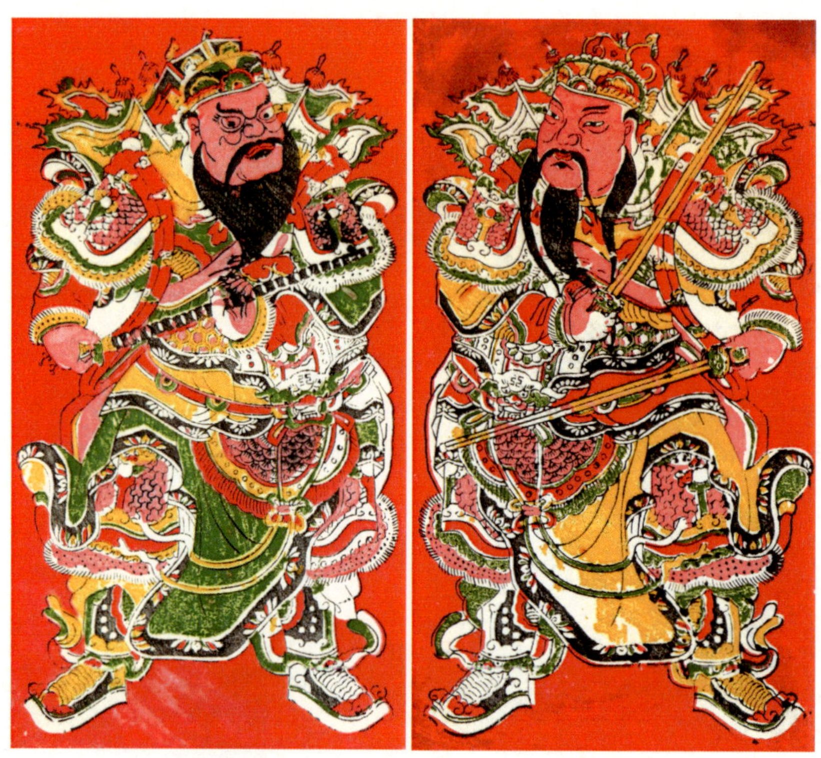

◆ *झांगोऊ का नव वर्ष अभिभावक चित्र, मिंग राजवंश*

चीनी नव वर्ष की छुट्टियों के दौरान लोग इन चित्रों को को घर के दरवाजे पर लगाना पसंद करते हैं जिससे कि बुरी शक्तियों और आपदाओं को दूर रखा जा सके।

चीनी नव वर्ष चित्र का निर्माण

क्या चीनी नववर्ष का चित्र अलग से बनाया जाता है? बिलकुल नहीं। प्राचीन समय में नव वर्ष की पूर्व संध्या पर इन चित्रों की भारी मांग रहती थी क्योंकि बहुत सारे परिवार उनको उनको उत्सव के मौके के लिए खरीदना चाहते थे। कोई एक चित्रकार संभवतः इस मांग को

पूरा नहीं कर पाते थे। इसलिए लोगों ने लकड़ी के छापों का निर्माण कर लिया और ऊपर स्याही लगाकर धीरे कागज़ के ऊपर उसको दबाकर छापा लेने लगे। नतीजा वही रहा जो चीनी मुहर से छापने पर आता था।अंतर यह होता है कि चीनी नववर्ष के चित्र के लिए विविध प्रकार के रंगों की आवश्यकता होती है। एक चित्र के ऊपर लकड़ी के कई अलग अलग छापों से छपाई की जाती है।

इस तकनीक के माध्यम से छापी गई चीनी नव वर्ष के चित्रों को काष्ठकला निर्मित नव वर्ष चित्र कहते हैं। जापानी उकियो-इ के ऊपर चीनी काष्ठकला छपाई का गहरा प्रभाव रहा।

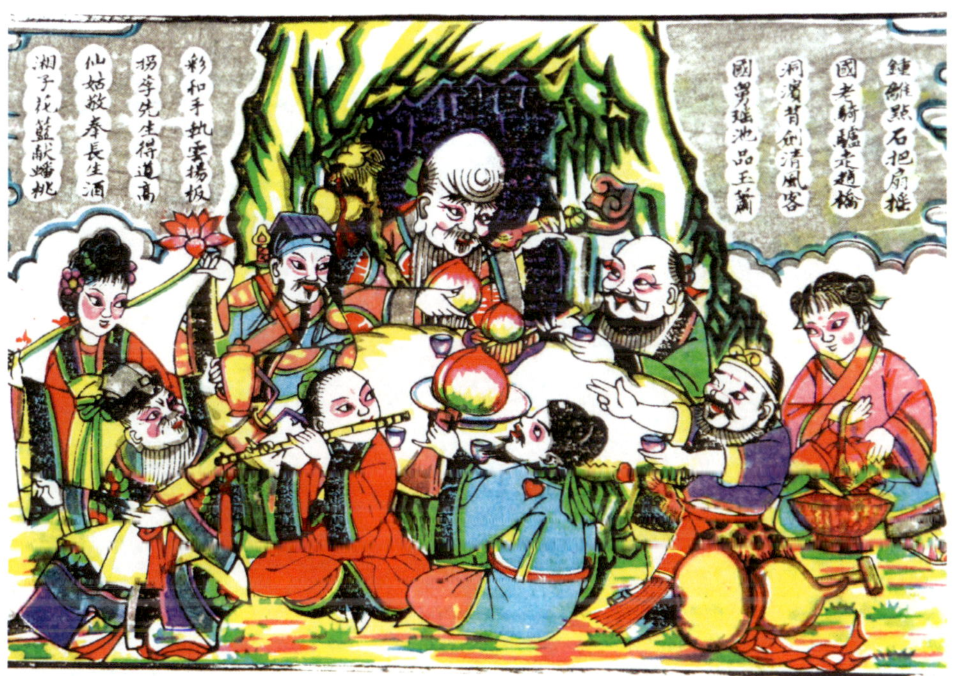

◆ *चिंग राजवंश का नववर्ष चित्र 'आठ अमर आत्माओं का जन्मदिन उत्सव'*

नव वर्ष चित्रों के माध्यम से शुभकामना

नए साल के उत्सव की छुट्टियों के दौरान चीनी नए साल के चित्र शुभकामना सन्देश की तरह होते हैं और आने वाले दिनों के शुभ होने का सन्देश भी देते हैं। सबसे लोकप्रिय विषयों में हैं, नए साल की शुभकामना, साल दर साल धन धान्य की वृद्धि, सदा शान्ति, बरकत तथा तनख्वाह में वृद्धि। रोज रोज की गतिविधियों को दिखाने वाले, परंपरागत त्यौहार वाले, लोकाचार तथा मजेदार कहानियों वाले चित्र भी सामान्य हैं। क्षेत्रीय नव वर्ष चित्र में स्थानीय नाटकों की प्रसिद्ध कहानियां की छवियों को साफ तौर पर देखा जा सकता है। ऐसे नव वर्ष चित्रों में जो कलात्मकता होते हैं वह लोक साहित्य के धरोहर और आयामों को दर्शाने वाली होते हैं।

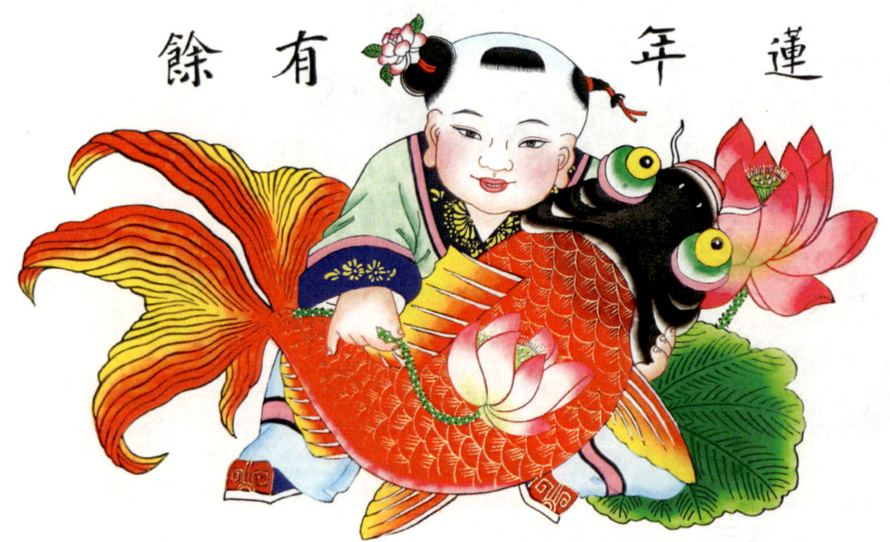

◆ ***नव वर्ष चित्र 'साल दर साल समृद्धि'*** *— नव वर्ष चित्र 'साल दर साल समृद्धि' में एक बच्चे, एक मछली और कमल के कुछ फूलों को दर्शाया गया है।मछली और कमल के फूल के लिए चीनी भााा में शब्द होते हैं वे साल दर साल और समृद्धि शब्द के समानार्थी होते हैं। इस चित्र में प्रतीकात्मक रूप में साल दर साल समृद्धि को दिखाया गया है।*

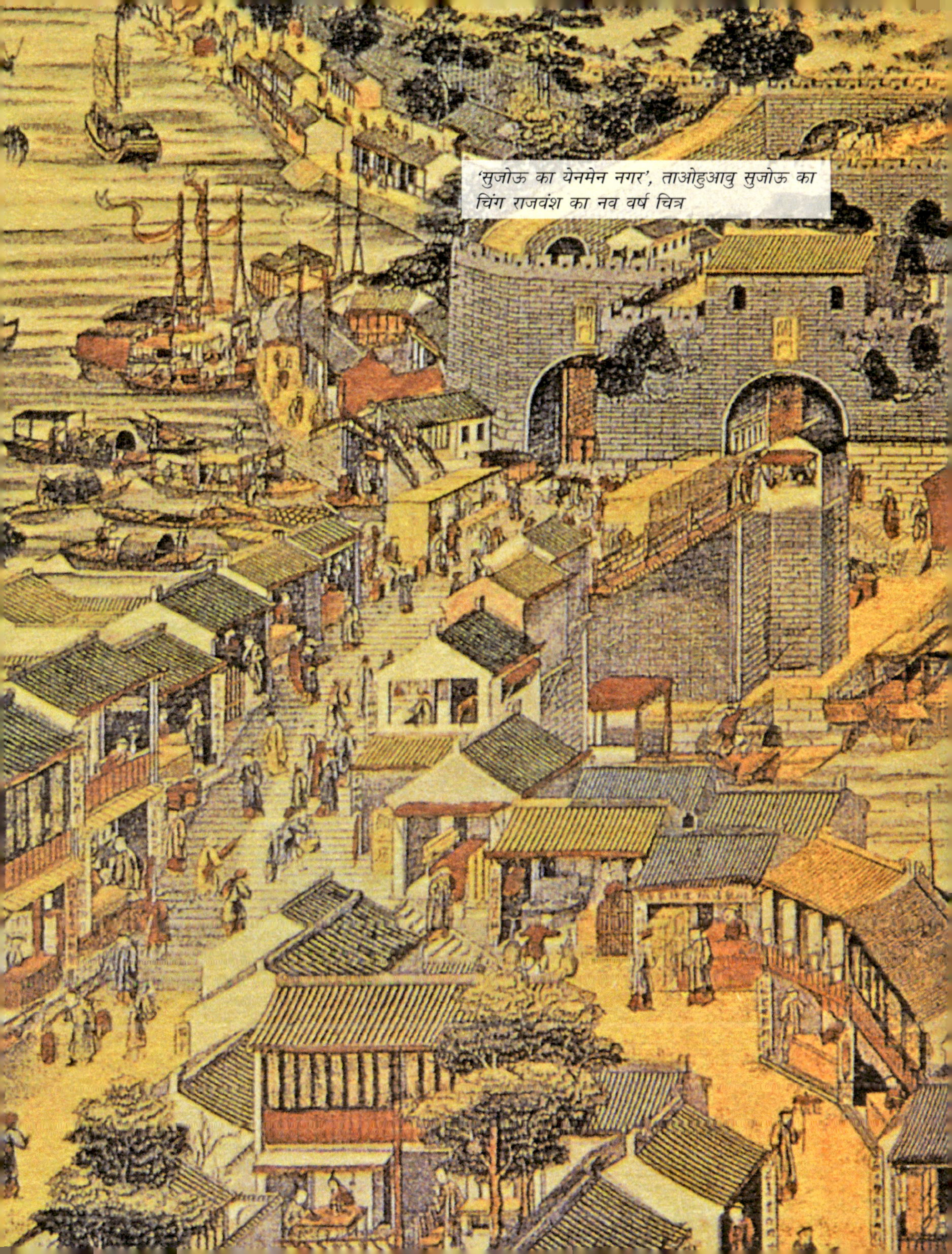

'सुजोऊ का येनमेन नगर', ताओहुआवु सुजोऊ का चिंग राजवंश का नव वर्ष चित्र

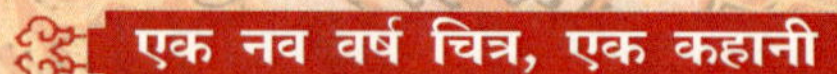

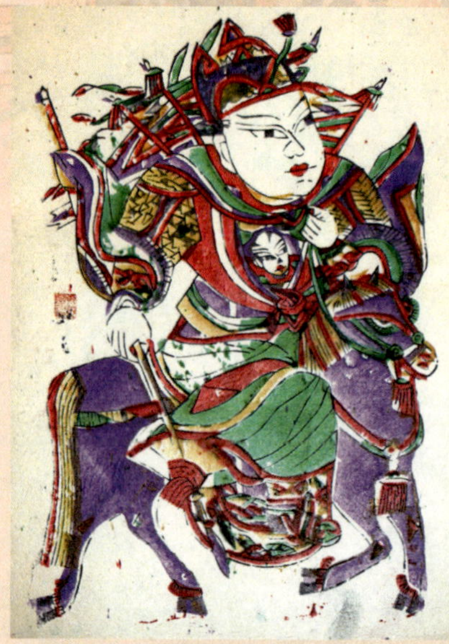

◆ ‘सेनापति जाओ यून ने राजकुमार को बचाया’ – जाओ यून तीन राजवंश के दौर का एक प्रसिद्ध सेनापति था। एक बार युद्ध से लौटते हुए शु के राजा को बचाया था और उसने पाया कि अफरातफरी के बीच राजकुमार गायब था। उसने जानको जोखिम में डाला और कुछ सिपाहियों को लेकर युद्ध के मैदान में चला गया। जब वह राजकुमार मिला तब तक सेनापति के अलावा सभी सैनिक मारे जा चुके थे। सेनापति ने राजकुमार को कंधे पर उठाया और दुश्मनों के घेरे को तोड़ता हुआ सुरक्षित राजा के पास आ गया।

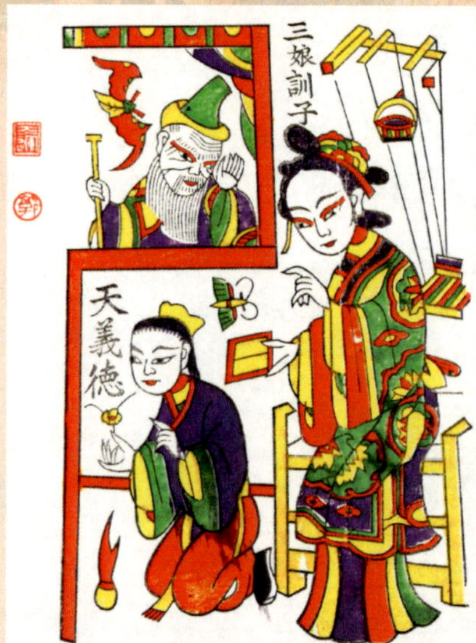

◆ **‘माँ द्वारा बच्चे को शिक्षा’** – कहा जाता है कि मिंग राजवंश में अपने पति की मौत के बाद एक स्त्री ने अपने बेटे को अकेले ही पाला। एक दिन स्कूल में बच्चे का मजाक उड़ाया गया और उसने स्कूल जाने से मना कर दिया। इस बात से वह औरत इतने गुस्से में आ गई कि उसने यह निश्चय किया कि वह उसको पढ़ाई नहीं छोड़ने देगी। बेटा इस बात को समझ गया कि उसकी माँ उसको पालने के लिए कितनी परेशानी दिखा रही थी और वह स्कूल में मेहनत से पढ़ाई करने लगा। धीरे धीरे वह एक प्रतिभाशाली विद्वान–अधिकारी बना और अपने गाँव खूब प्रसिद्धि तथा धन के साथ लौटा।

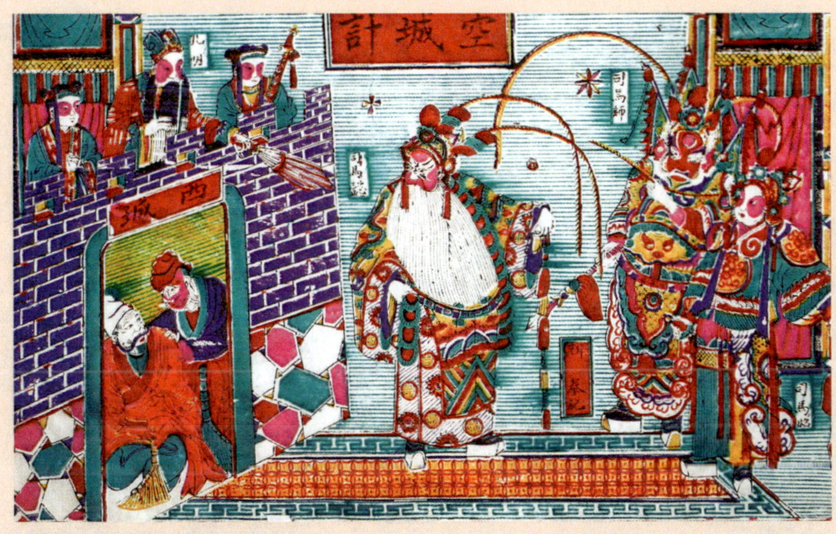

◆ **'शहर के खाली होने का छल'** –

तीन राजवंशों के काल में जब शु राजवंश के एक नगर में इस बात को लेकर घबराहट फैल गई कि वेई सेना अपनी बड़ी संख्या के साथ उनके ऊपर हमला करने वाली थी तो शु के प्रधान जुगे लियांग ने बड़ी शांति से यह आदेश दिया कि नगर के द्वार खोल दिए जाएँ और उसने मुख्य द्वार की मीनार पर संगीत बजवा दिया। वेई सेना का प्रमुख यह देखकर हैरान रह गया और उसको लगा कि जरूर शहर के अन्दर मोर्चेबंदी की गई है। वेई की सेना ने हमला नहीं किया और तत्काल पीछे लौट गई।

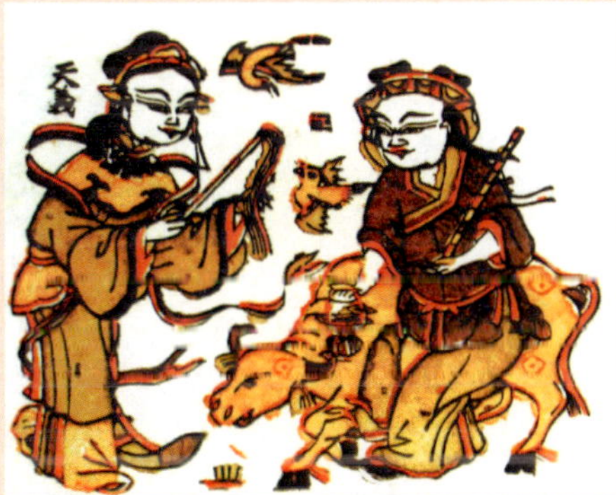

◆ **'बुनाई करने वाली परी और गड़ेरिया'** –

चीन की प्राचीन कहानियों में बुनाई करने वाली परी और गड़ेरिया दो चरित्र हैं। बुनाई करने वाली मेहनती परी के बारे में यह कहा जाता है कि वह आकाश के देवता की दादी हैं जो आकाश गंगा के पूरब की तरफ रहती हैं। बाद में उनको गड़ेरिया से प्यार हो गया जो आकाश गंगा के पश्चिम की तरफ रहता है। आकाश के देवता दोनों की शादी के लिए तैयार हो गए।लेकिन शादी के बाद बुनाई करने वाली परी ने बुनाई के काम को नजरअंदाज करना शुरू कर दिया। आकाश के देवता इतने गुस्से में आ गए कि उन्होंने उसको आदेश दे दिया कि वह पूर्व दिशा में लौट जाए और उसे गड़ेरिये से साल में केवल एक बार आकाश गंगा के ऊपर मैगपाई पुल के ऊपर चीनी चन्द्र पंचांग के अनुसार 7 जुलाई के दिन मिलने की इजाजत दी।

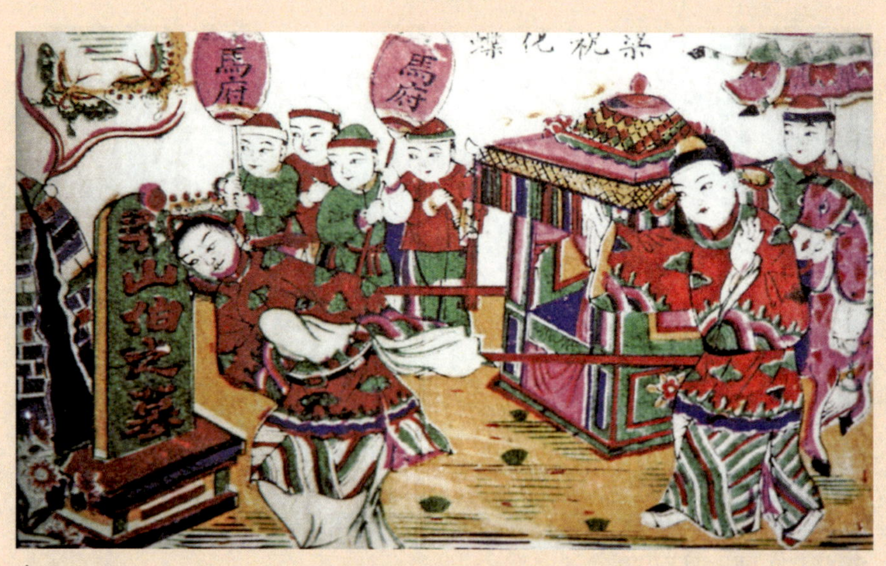

◆ **'तितली प्रेमी'** –

कहा जाता है कि पश्चिमी जिन राजवंश के काल में एक गरीब परिवार का एक युवा विद्यार्थी अमीर परिवार की लड़की के प्यार में पड़ गया। लड़की के घर वालों ने उस लड़के के साथ विवाह के प्रस्ताव को ठुकरा दिया और उसकी शादी एक अमीर और शक्तिशाली परिवार में ठीक कर दी जिसके कारण वह युवा विद्यार्थी बहुत कमजोर हो गया तथा इसी निराशा में उसकी मौत हो गई। विवाह के दिन लड़की ने इस बात के ऊपर जोर दिया कि वह उस युवक की समाधि पर श्रद्धांजलि देने जाएगी। अचानक उसकी समाधि का मुंह खुल गया और वह लड़की उसके अंदर चली गई और अपने प्रेमी से उसका मिलन हो गया। दोनों तितलियों के बहुत सुन्दर जोड़े में बदल गए और वहां से उड़ गए। चीन में उनकी कहानी सच्चे प्यार का प्रतीक बन गई।

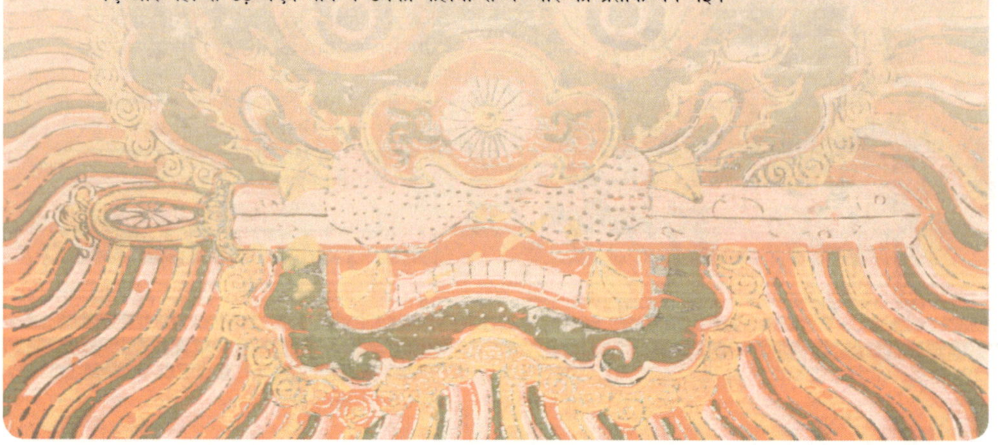

लाल कागज़ की कतरनें

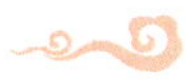

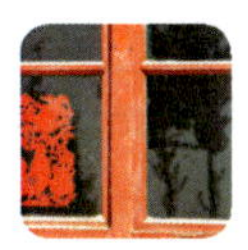
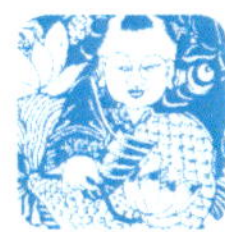
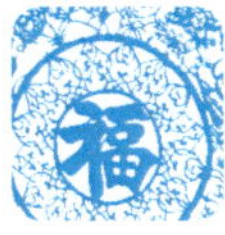
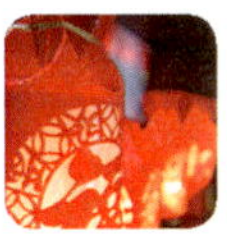
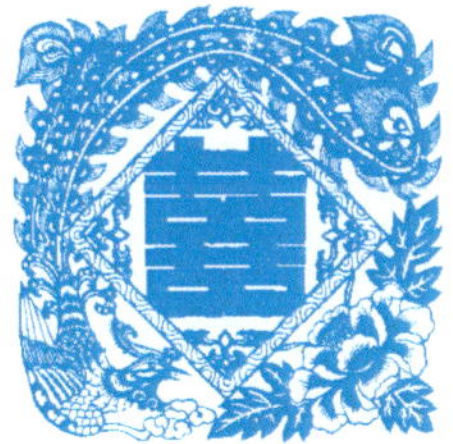

चीनी कागज़ कतरन कला चीन के ग्रामीण इलाकों की एक लोकप्रिय लोककला है। रंगीन कागज़ के साधारण टुकड़े से सिर्फ एक कैंची या चाकू की मदद से बेहद सघन रूपों और अलग अलग छवियाँ जादुई तरीके से बनकर तैयार हो जाती हैं।

खुशियाँ भरी कागज़ कतरन

चीनी कागज़ कतरन कला की बहुत सारी शैलियाँ हैं और इनको खिड़कियों, दरवाजों, लालटेनों तथा छुट्टियों, उत्सवों और शादियों जैसे खास मौकों के लिए बनाया जा सकता है।

खिड़की पर लगाई जाने वाली कागज़ कतरनों को 'खिड़की के फूल' कहा जाता है और इनका उपयोग मुख्य रूप से छुट्टियों तथा उत्सवों के दौरान अच्छे जीवन की आशा के साथ लगाया जाता है। इसमें बहुत सारे विषयों को दर्शाया जाता है जैसे खेती करते किसान का

◆ *खिड़की के लिए कागज़ी कतरन*

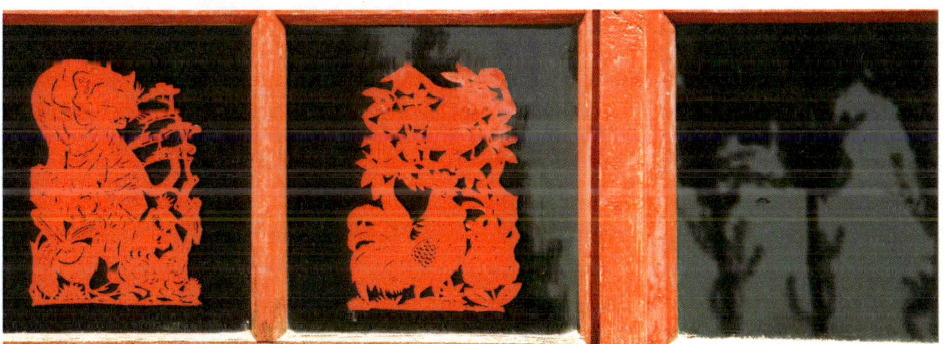

जीवन, रेशम उत्पादन, बुनाई, मछली पालन तथा शिकार और पशुपालन। अन्य चित्रों में शामिल हैं सौभाग्यशाली फूल, पेड़-पौधे और जानवर। खिड़की पर लगाई जाने वाली कतरनों को अकेले, जोड़े में या एक साथ कई कतरनों को भी लगाया जा सकता है।

विवाह, जन्मदिन या गृहप्रवेश के आयोजनों में जिन कागज़ी कतरनों का उपयोग किया जाता है उनको 'खुशी के फूल' के रूप में जाना जाता है, इनको इस रूप में बनाया जाता है कि वे हंसी खुशी तथा सौभाग्य को दर्शाने वाले लगें। सामान्य रूप से जो कागज़ी कतरन बनाये जाते हैं उनमें आमतौर पर दीर्घ आयु, सौभाग्य या दोहरी खुशी से जुड़े रूपों को दर्शाया जाता है।

चीनी नववर्ष की छुट्टियों के दौरान खुशी को दर्शाने के लिए कागज़ी कतरन की झालरें दरवाजों या बौद्ध स्मारकों में लगायी जाती हैं। आमतौर पर इनका आकार आयताकार होता

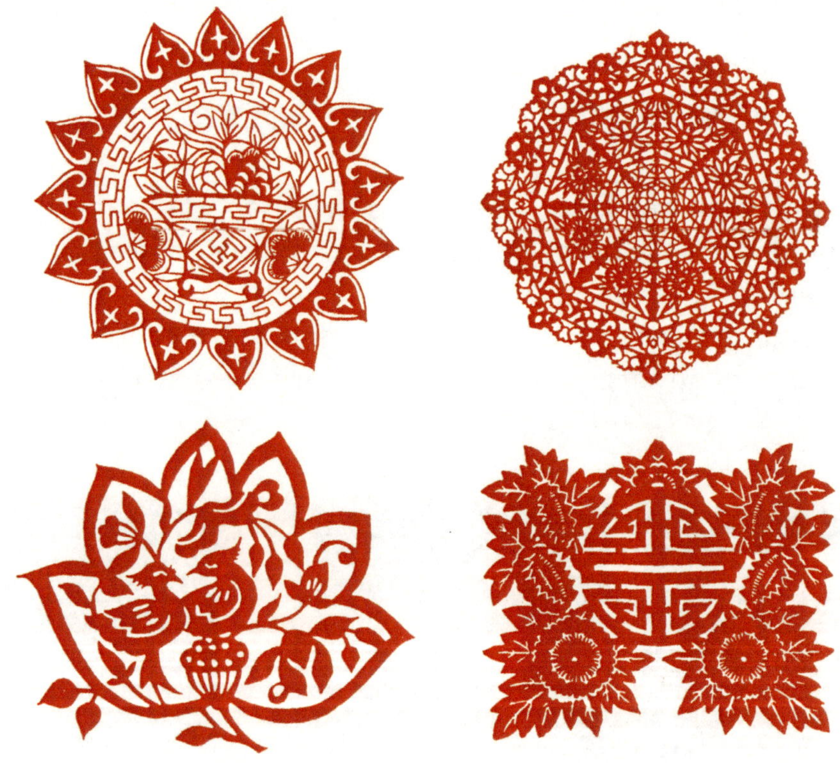

◆ *विवाह के विभिन्न अवसरों के लिए कागज़ी कतरन*

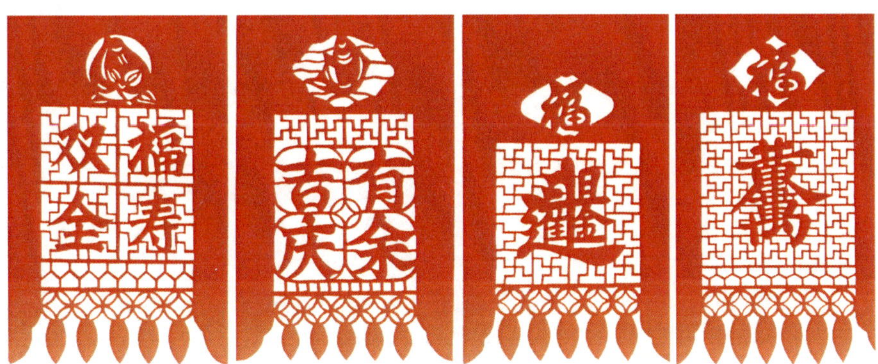

◆ *दरवाजे के लिए कागज़ी झालरें*

है तथा उनके बीच में एक डिजाईन बना होता है, चौकोर होने के साथ साथ इनके नीचे की तरफ फुदने लटके होते हैं। इसके बीचोबीच जो डिजाईन होते हैं वे दो तरह के होते हैं – फूलों के रूप या सौभाग्य सूचक चीनी वर्णमाला के अक्षर।

'लालटेन फूल' कागज़ी कतरन के रूप हैं जिनको लालटेनों के ऊपर लगाया जाता है, आमतौर पर लोक कथाओं के चित्र, स्थानीय नाटकों के चित्र या चीनी वर्णमाला के वैसे अक्षर होते हैं जो समृद्धि, दीर्घ जीवन, भरपूर फसल या अच्छे मौसम आदि को दर्शाने वाले होते हैं। जब लालटेन की अंदर की मोमबत्ती को जला दिया जाता है तो उसकी हिलती रौशनी में कागज़ी कतरन विविधवर्णी दिखाई देते हैं।

अधिकतर चीनी कागज़ी कतरन में लाल रंग का इस्तेमाल किया जाता है क्योंकि चीन में लाल रंग सौभाग्य तथा खुशी का प्रतीक होता है। लोग छुट्टियों में, शादियों में, बच्चों के जन्मोत्सव पर, जन्मदिन के उत्सव पर, गृहप्रवेश के उत्सव में तथा नये व्यवसाय के शुरुआत में लाल कागज़ी कतरनों का उपयोग करते हैं।

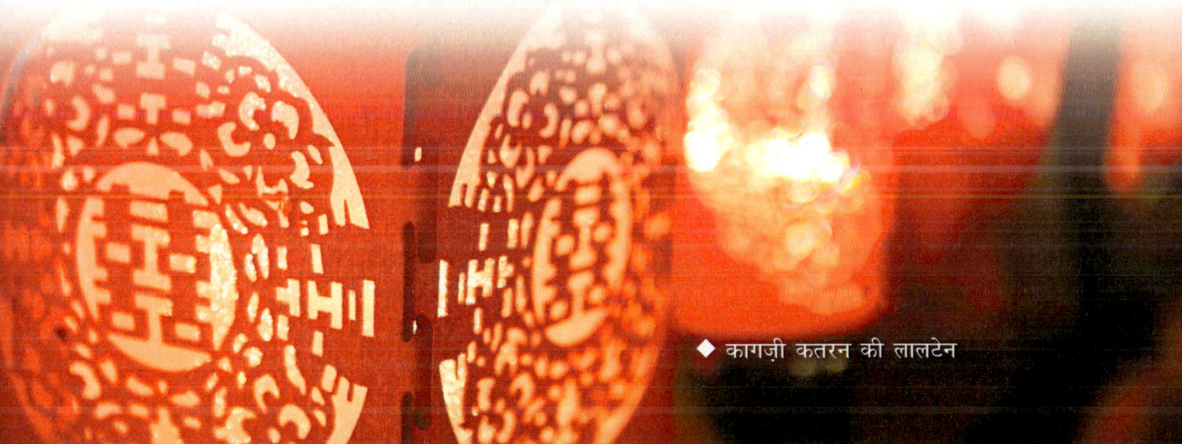

◆ कागज़ी कतरन की लालटेन

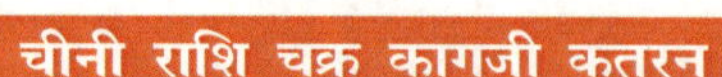

चीनी राशि चक्र कागज़ी कतरन

चीनी राशियाँ जन्म के साल को दर्शाती हैं, ठीक उसी तरह से जिस तरह से पश्चिमी ज्योतिष विद्या में जन्म के माह का सिद्धांत है।

इसमें बारह वर्षों का समय चक्र होता है, प्रत्येक वर्ष को एक जानवर का नाम दिया जाता है। बारह चीनी राशियों से जुड़े जानवर चिन्हों में चूहा, बैल, शेर, खरगोश, ड्रैगन, सांप, घोडा, बकरा, बंदर, मुर्गा, कुत्ता और सूअर है। उदाहरण के लिए चीनी चन्द्र पंचांग के अनुसार 2014 घोड़े का वर्ष है इसलिए इस साल जन्मे सभी व्यक्तियों को घोड़े की राशि के अंतर्गत माना जायेगा। चीनी लोगों की ऐसी मान्यता है कि किसी व्यक्ति का राशि चिन्ह उसके साथ आजीवन रहता है और उसके जीवन में सौभाग्यशाली दिन और मौके उपलब्ध करवाता है।

प्राचीन चीनी नागरिकों ने इन बारह जानवरों का चयन अपने खेती तथा जीवन के अनुभवों के साथ साथ पशु प्रतीकों की पूजा के आधार पर किया। इन बारह पशुओं को तीन वर्गों में बांटा गया है। बैल, बकरा, घोड़ा, सुअर, कुत्ता तथा मुर्गा खाद्य सामग्री हैं इसलिए ये समृद्धि तथा परिवार के अच्छे भाग्य के सूचक होते हैं। शेर, खरगोश, बन्दर, चूहा और सांप ऐसे जंगली जानवर हैं जिनको लोग सबसे अधिक जानते हैं तथा जिनके साथ वे अक्सर संपर्क में आते हैं। ड्रैगन चीनी संस्कृति का प्रतीक है और उसको एक सौभाग्यशाली पशु माना जाता है जो शक्ति और सौभाग्य का प्रतीक है।

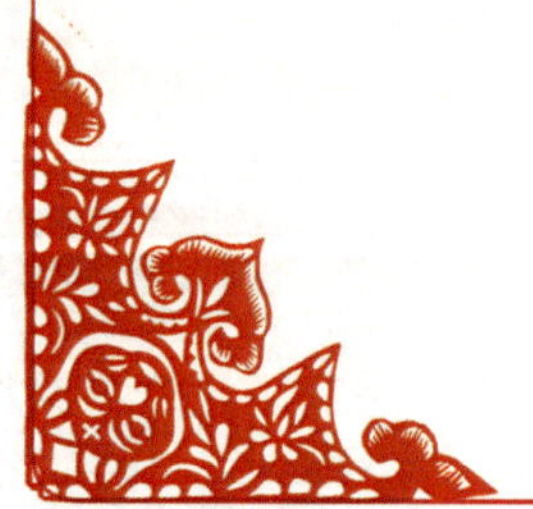

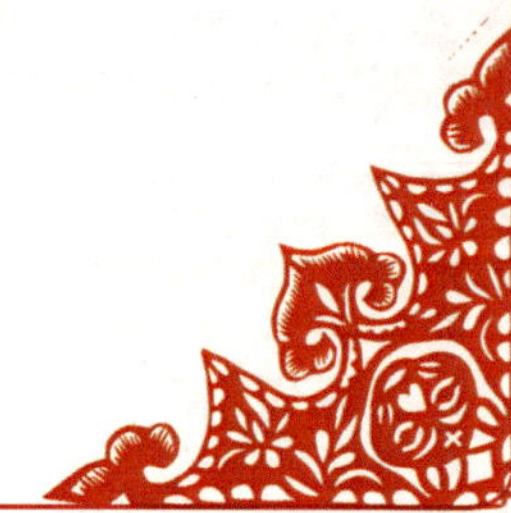

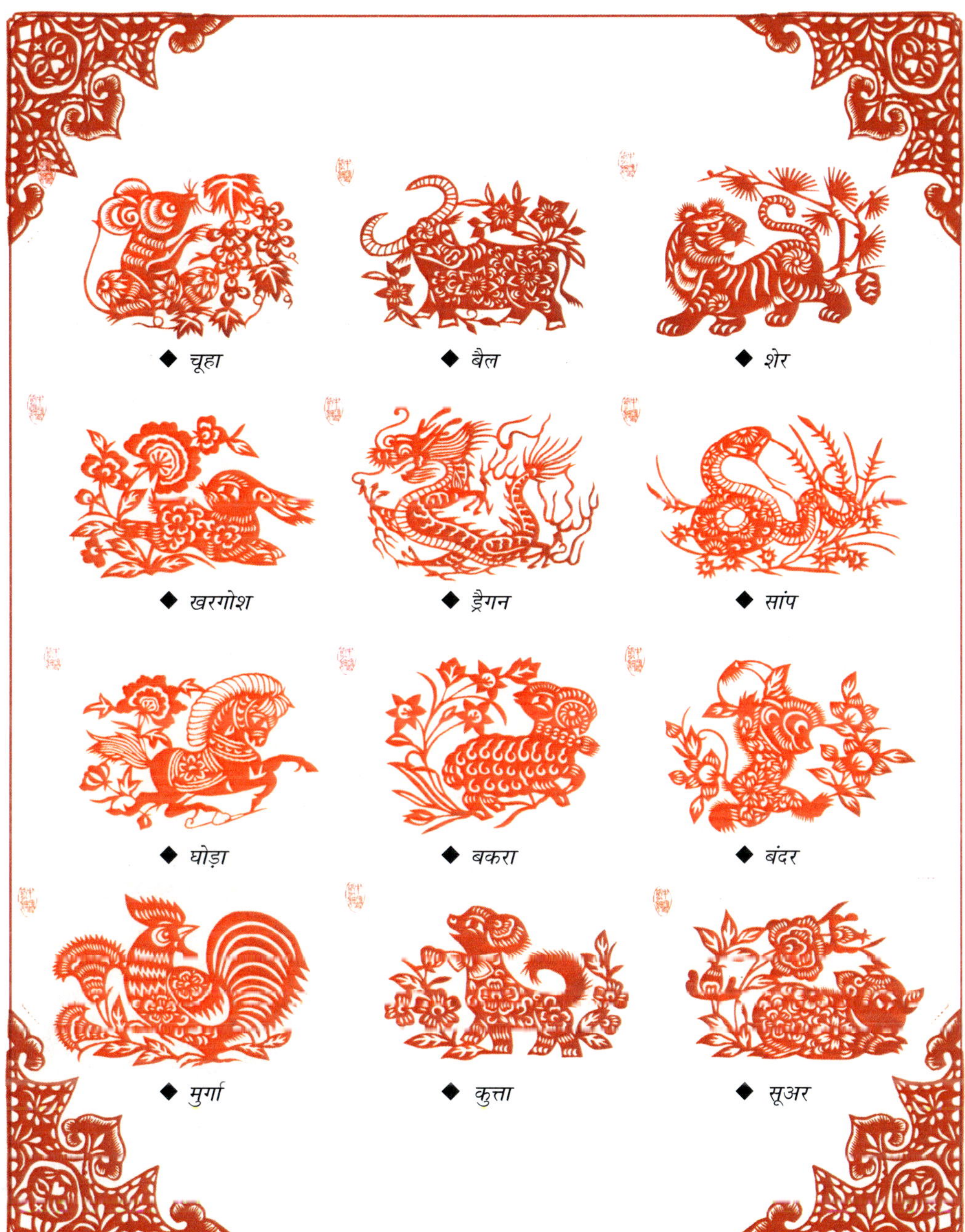

◆ चूहा ◆ बैल ◆ शेर

◆ खरगोश ◆ ड्रैगन ◆ सांप

◆ घोड़ा ◆ बकरा ◆ बंदर

◆ मुर्गा ◆ कुत्ता ◆ सूअर

आधुनिक जीवन में कागज़ी कतरन के प्रयोगः

कागज़ी कतरन चीन के लोगों के रोज रोज के जीवन में सामान्य तौर पर पाए जाते हैं। चीनी नववर्ष की छुट्टियों के दौरान चीन के ग्रामीण इलाकों में लगभग हर खिड़की दरवाजे पर इनको इस आशा के साथ लगाया जाता है ताकि आने वाला साल समृद्धि और सौभाग्य लेकर आये। सभी स्थानों पर नवविवाहितों के घर लाल कागज़ी कतरनों से सजाये जाते हैं जिनको आमतौर पर वर पक्ष के परिवार की स्त्रियों द्वारा बनाया जाता है। कुछ स्थानों पर जब वधू अपने ससुराल आती है तो यह उम्मीद की जाती है कि वह दहेज के रूप में अपने घर से कागज़ी कतरन से बनी कलाकृति लेकर आये।

आज कागज़ी कतरन कला का प्रयोग अन्य क्षेत्रों में भी होने लगा है। उदाहरण के लिए फैशन डिजाइनरों द्वारा कागज़ी कतरन कला की तकनीकों और उसके रूपाकारों का प्रयोग वस्त्रों के डिजाईन में सघन प्रभाव पैदा करने के लिए किया जाने लगा है। वास्तुकारों ने भी कागज़ी कतरन कला के सिद्धांतों को आधुनिक भवन सरंचना में अपनाया है।

कागज़ी कतरन के द्वारा एनिमेशन फिल्म का निर्माण भी किया जाने लगा है। 1985 में चीन में 'पिग बैजी ईट्स वाटरमेलेंस' नामक पहली कागज़ी कतरन कार्टून फिल्म का निर्माण हुआ। उसके बाद एक के बाद एक कई कागज़ी कतरन एनिमेशन फिल्में बनीं, जिनमें शामिल हैं – 'द फॉक्स हंट्स द हंटर', 'द मंकी फिशिस द मून', 'द माउस गेट्स डॉटर मैरीड', 'गोर्ड ब्रदर्स', 'फॉक्स ट्रिक्स द क्रो' और 'द ट्वेल्व जोडिएक साइंस', चीन के बच्चों द्वारा इनको खूब पसंद किया गया।

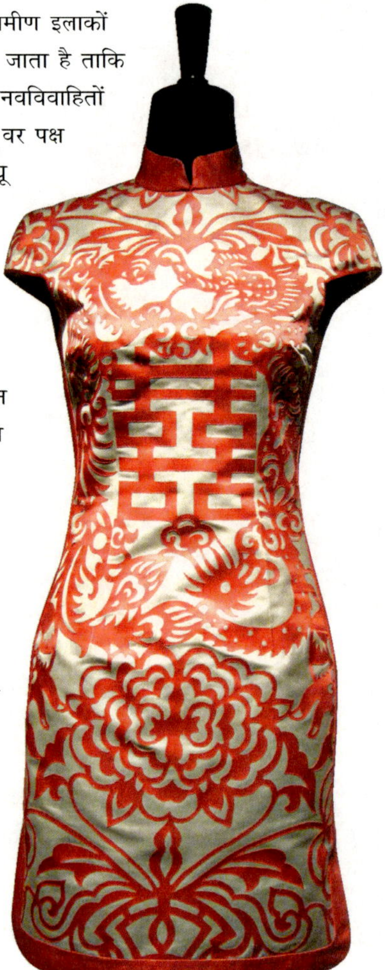

◆ *चीनी चेंगसम ड्रेस कागज़ कतरन डिजाइन के साथ*

चीनी शब्द 'दोहरी खुशी' को इस प्रकार काटें

दोहरी खुशी शब्द एक परंपरागत चीनी सजावटी रूपाकार है जो खुशी से जुड़े चीनी वर्णमाला के दो अक्षरों को मिलाने से बनता है। शुभकामना और खुशी को दर्शाने वाले इन शब्द रूपाकारों का प्रयोग ताम्बे, चीनीमिटटी, कपड़े, फर्नीचर, लकड़ी की नक्काशी, खुशदस्ती, और खासतौर पर कागज़ी कतरन और नववर्ष के चित्रों में दोहरी खुशी का जश्न मनाने के लिए किया जाता है।

निम्नलिखित चरणों में एक साधारण दोहरी खुशी शब्दाकार को काटा जा सकता है।

1. सबसे पहले एक आयताकार या चौकोर कागज़ का टुकड़ा लें, फिर उसको बीच से मोड़ दें और उसके बाद उसे फिर बीच से मोड़ दें ताकि वह चार बराबर हिस्सों में बंट जाए।

2. उसके बाद दोहरी खुशी शब्दाकार को मुड़े हुए कागज़ पर उस प्रकार से बनाएं जिस प्रकार से चित्र में दिखाया गया है।

3. गहरी छाया वाले हिस्से को काट लें, उसको खोलें और आपके पास दोहरी खुशी कागज़ी कतरन तैयार है।

1

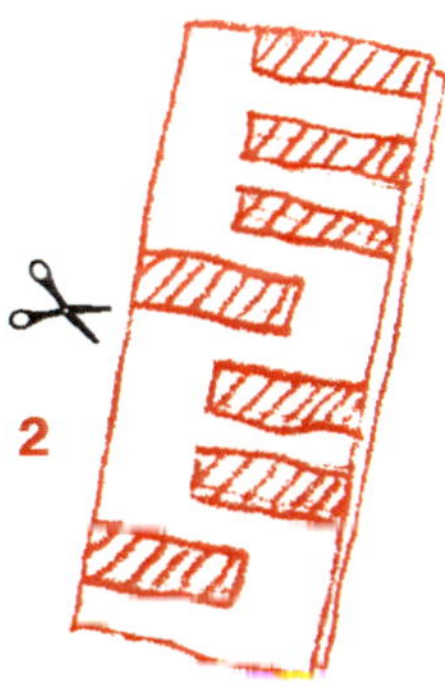

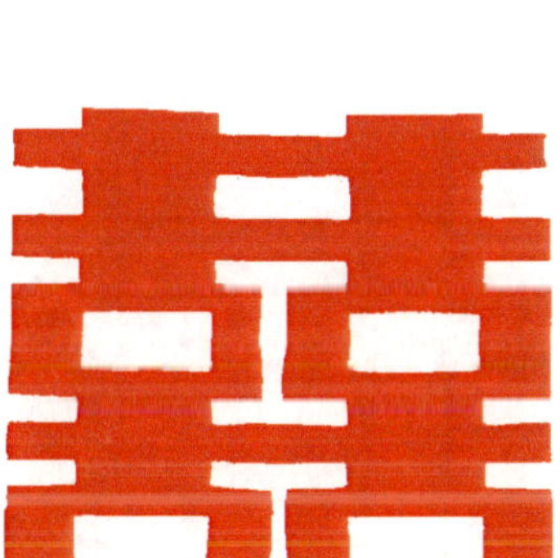

हुईजोऊ की नक्काशी

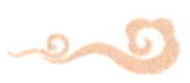

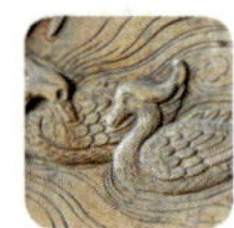

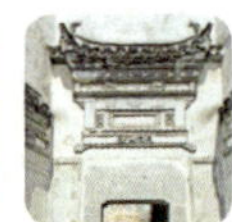

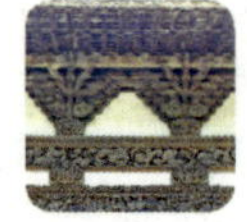

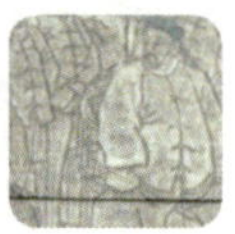

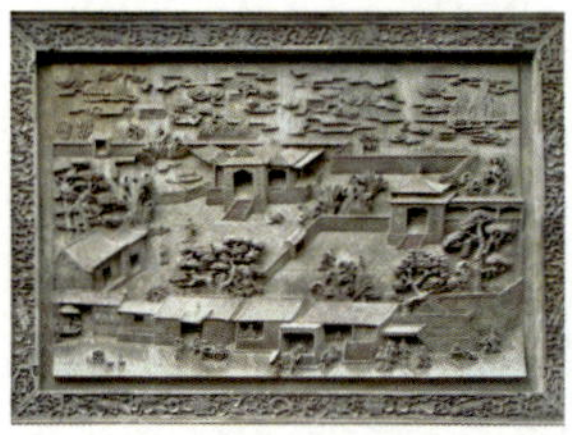

हुईजोऊ एक ऐतिहासिक क्षेत्र है जो चीन के तीन प्रांतों अनहुई, जेझियांग और जियांग शी के संधि स्थल के पहाड़ी इलाकों को कहा जाता है। इस क्षेत्र के प्राचीन नाम को उसके सुंदर नजारों, समृद्ध सांस्कृतिक परम्पराओं तथा कला के धरोहरों के कारण सहेज कर रखा गया है।

हुईजोऊ अपने सुंदर गाँवो के लिए जाना जाता है क्योंकि वहां की वास्तुकला बहुत अलग है, गाँव के मंदिरों की बनावट और उसकी दीवारों पर घोड़े के सिर की सजावट के लिए भी इस स्थान को जाना जाता है। इस क्षेत्र के इमारतों में सभी जगह लकड़ी, ईंट तथा पत्थरों पर नक्काशी की गई है।

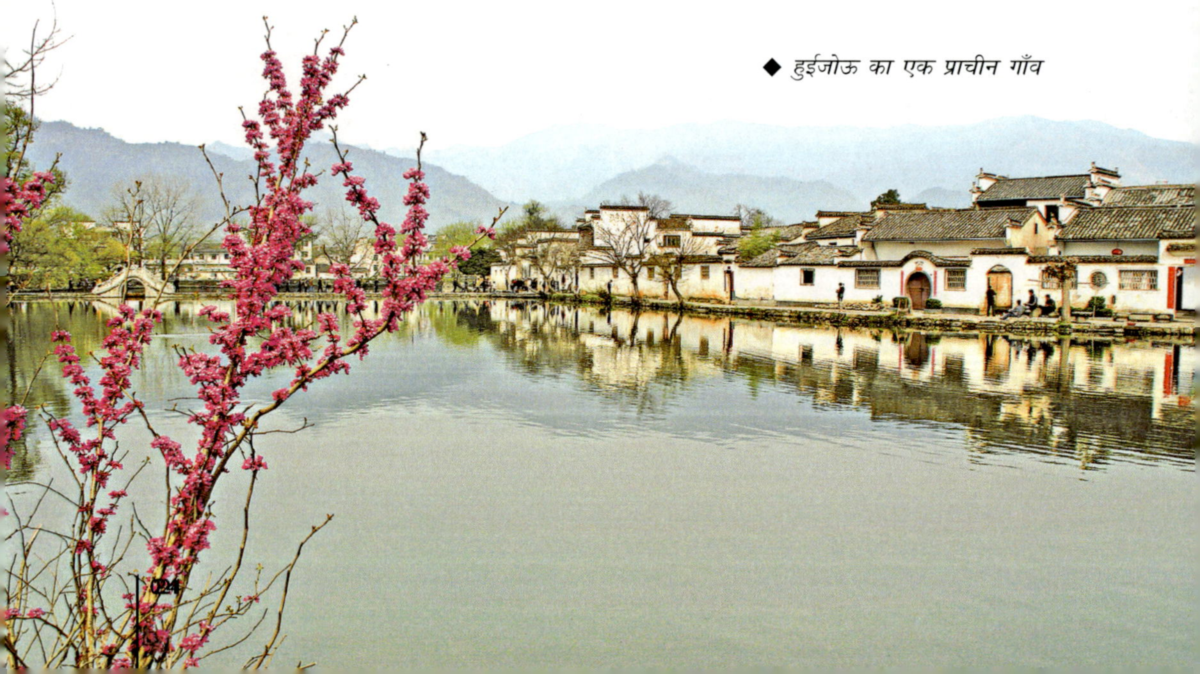

◆ *हुईजोऊ का एक प्राचीन गाँव*

हुईजोऊ लकड़ी नक्काशी

हू परिवार का पुश्तैनी मंदिर लोन्चुआन गाँव में है, जो हुईजोऊ के जिकसी प्रांत में है, जिसको लोक कला संग्रहालय के रूप में जाना जाता है जहाँ विभिन्न शैलियों की काष्ठ नक्काशियां हैं और उनके विषय भी बहुत समृद्ध हैं।विशिष्ट रूप से निर्मित इन काष्ठ नक्काशियों ने अपनी कलात्मक प्रेरणाएं स्थानीय आकृतियों, नजारों, जानवरों, खुशखती और ज्यामितीय आकारों से ग्रहण की, और उसमें स्थानीय निवासियों की सुखद जीवन की कामना तथा उनकी शुभकामनाओं को भी शामिल किया।

हुईजोऊ की काष्ठ नक्काशी स्थानीय उच्च कोटि के शीशम से बनी हुई हैं और उनको बिना रंग रोगन के बनाया गया है ताकि लकड़ी की स्वाभाविक विशेषताओं को दर्शायें। समय

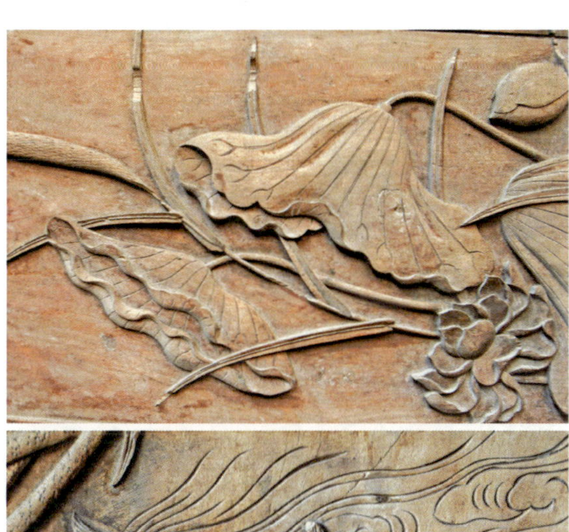

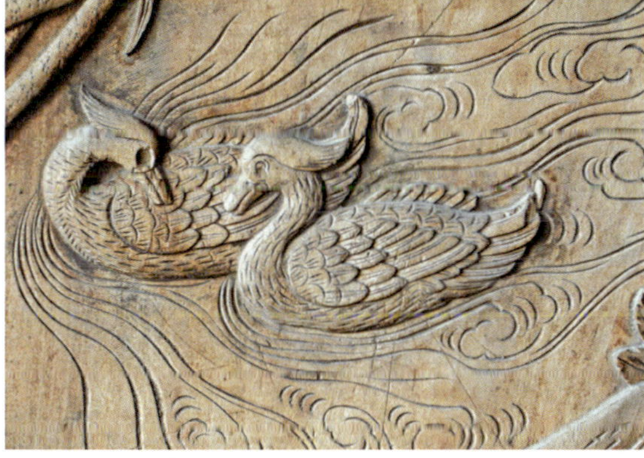

◆ *हुईजोऊ काष्ठनक्काशी कला हुईजोऊ काष्ठनक्काशी कला में विस्तृत और जटिल छवियाँ पेंटिंग की तरह ही होती है।*

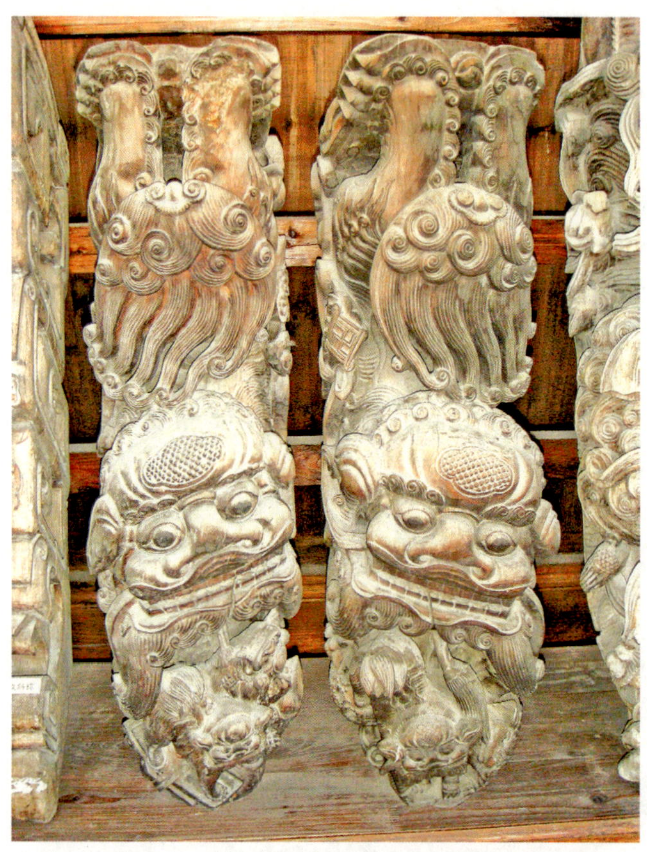

◆ ***हू जोंगजियान के घर में सिंह की काष्ठ नक्काशी मूर्ति –***
हू जोंगजियान के घर में सिंह की काष्ठ नक्काशी मूर्ति है, जो राजदरबार में उच्च अधिकारी थे, इस मूर्ति में इसमें नीचे की तरफ एक सिंह शावक को नक्काशी करके उकेरा गया है जिसका अर्थ है कि पीढ़ियों तक परिवार का दर्जा ऊंचा बना रहे

के साथ नक्काशी की गई इन लकड़ियों के ऊपर स्वाभाविक रूप से पतली चमकदार परत चढ़ जाती है। बहुत थोड़ी सी काष्ठ नक्काशियों को साधारण रंगों जैसे लाल, काला या सुनहरे रंगों से रंग गया है ताकि उनकी स्वाभाविक शैली को सुरक्षित रखा जा सके।

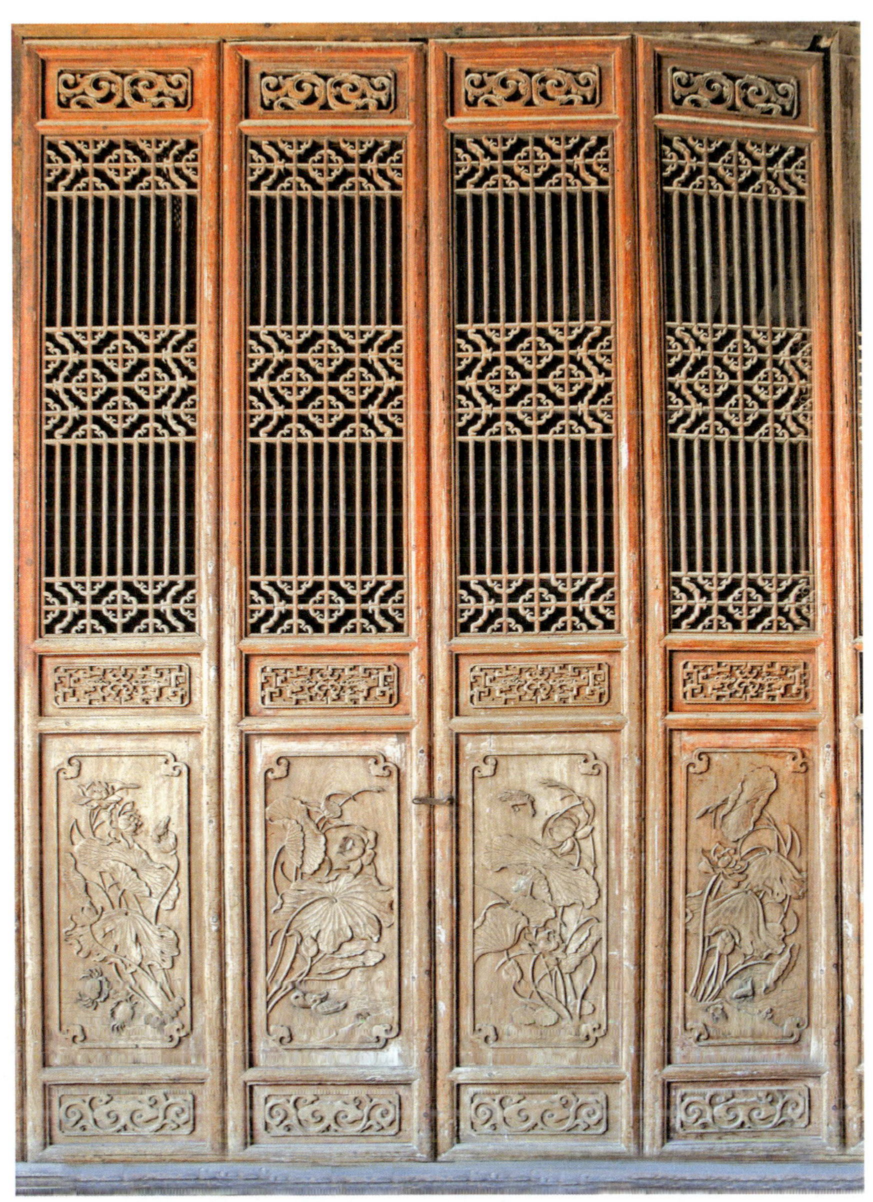

◆ हु परिवार के पुश्तैनी मंदिर के दरवाजे पर कमल के फूलों की काष्ठ नक्काशी

हुईजोऊ पत्थर नक्काशियां

हुईजोऊ पहाड़ी क्षेत्र में अवस्थित है जो ऐसे पत्थरों से घिरा हुआ है जो पत्थर नक्काशियों के लिए आदर्श है। प्राचीन चीन में पत्थर के ऊपर नक्काशियां केवल सजावट के लिए नहीं की जाती थीं बल्कि वह उसके मालिक के सामाजिक हैसियत का भी प्रतीक होता था। उदाहरण के लिए घर के गलियारे के बाहर पत्थर पर की गई सिंह की नक्काशी घर से बुरी आत्माओं से दूर रखने तथा घर की सुरक्षा के लिए की जाती है। राजा द्वारा आमतौर पर चीते की उपाधि यह जताने के लिए दी जाती थी कि उस परिवार में सेना का कोई बहुत वीर अधिकारी रहता है।

हुईजोऊ की पत्थर नक्काशियां अधिकतर पत्थर की मूर्तियाँ हैं या प्रस्तरखंड शी प्रांत का

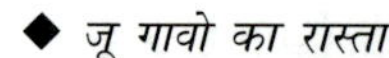

◆ *जू गावो का रास्ता*

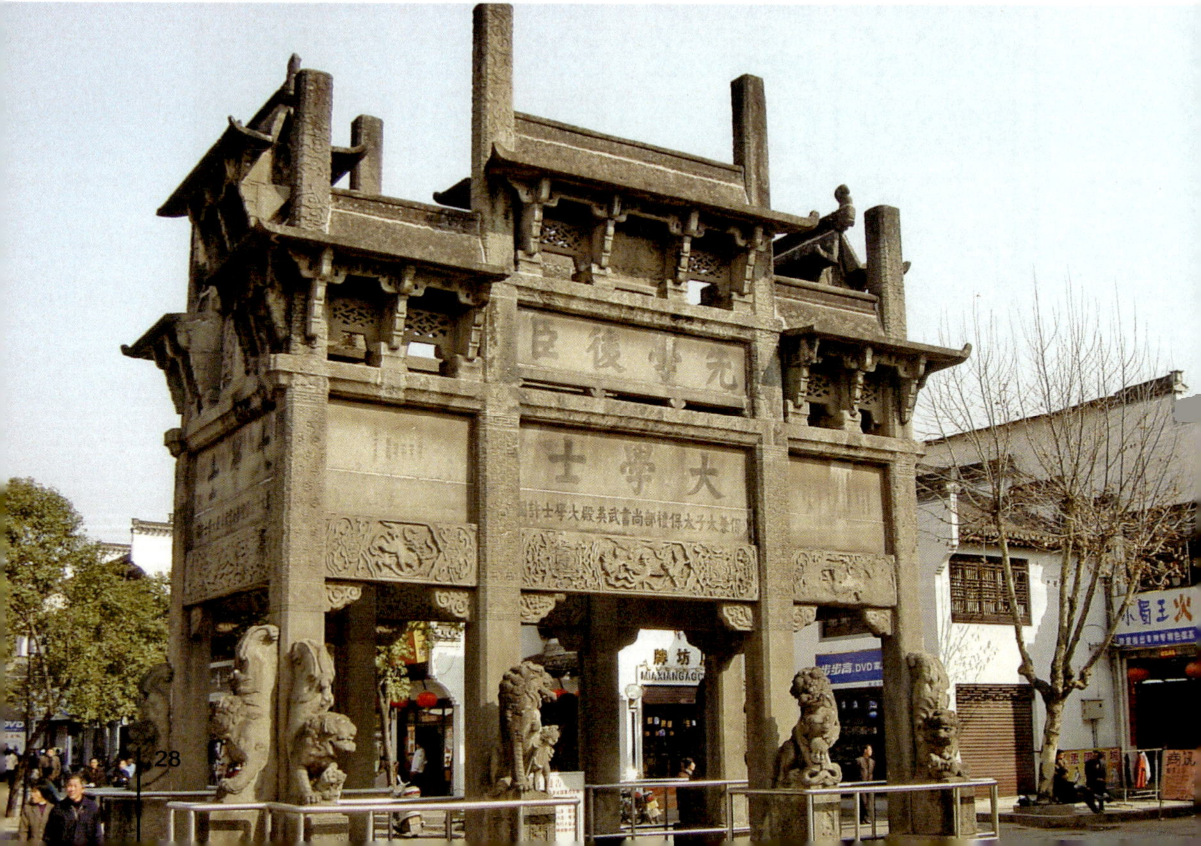

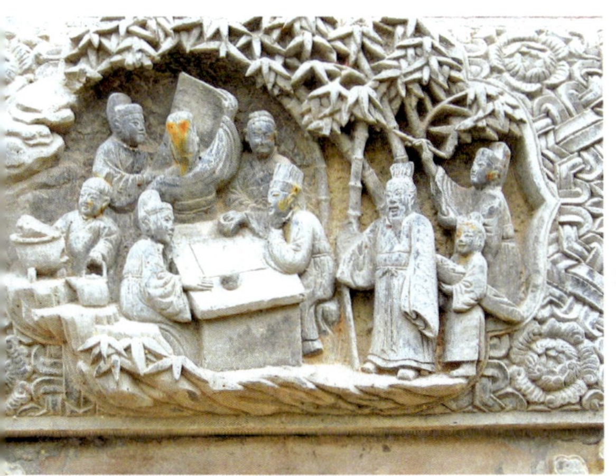

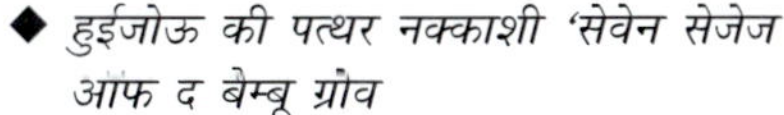

◆ *हुईजोऊ की पत्थर नक्काशी 'सेवेन सेजेज आफ द बेम्बू ग्रोव*

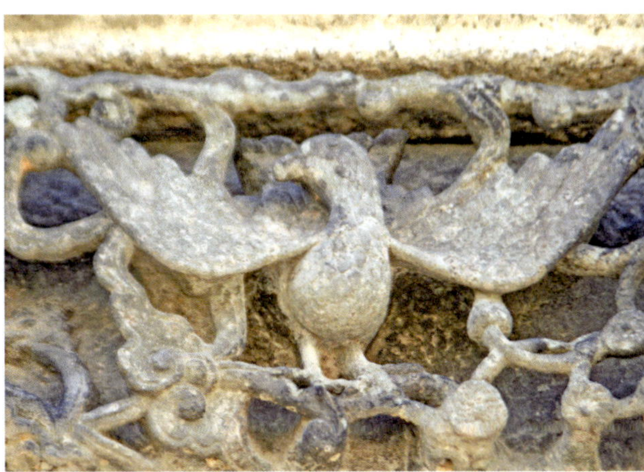

◆ *हू परिवार के पुश्तैनी मंदिर के भीतर पत्थर नक्काशी*

प्रसिद्ध जू गुओ पत्थर मार्ग के ऊपर ड्रैगन, सिंह, उड़ने वाले बगुले और बादलों की नक्काशी की गई है। पत्थर की संरचना को सहारा देने के लिए खंभे बनाये गए हैं जिनको सुरक्षित रखने के लिए नीचे की तरफ पत्थर के बारह सिंह बनाये गए हैं जिनमें से आठ सिंह अपने हाथों पर खड़े हैं। ऐसा माना जाता था कि इनमें गुरुत्वाकर्षण के सिद्धांत का उपयोग किया जाता था ताकि उस सरंचना की स्थिरता में वृद्धि हो सके। मेहराबदार रास्ते पर बना पत्थर का चीता और तीन नीलकंठ इस बात को दर्शाने के लिए बनवाए गए हैं कि राजदरबार द्वारा उस मेहराबदार पथ के मालिक जू गुओ को तीन लगातार पदोन्नति दी गई थी।

हुईजोऊ पत्थर नक्काशियां आमतौर पर खम्भों, दरवाजों, दीवारों, स्मारकों तथा समाधियों के ऊपर पायी जाती हैं। उनकी दुर्लभ शैली और आकार प्रकार हुईजोऊ की शानदार सांस्कृतिक परंपरा तथा प्राचीन चीनी वास्तुकला को दर्शाने वाले हैं।

हुईजोऊ की नक्काशी

हुईजोऊ ईंट नक्काशी आमतौर पर द्वार के शिखरों के चौखटों पर तथा दरबार के अधिकारियों के घरों या स्मारक मंदिरों में पाई गई हैं। सामने के दरवाजे को घर का चेहरा माना जाता था और उनको हमेशा नीले रंग के टाइल्स से सजाया जाता था और नीचे की तरफ खम्भे

पर ईंटों पर इसलिए नक्काशी की जाती थी ताकि उसके मालिक के समृद्धि और पसंद को दर्शाया जा सके।उच्च परिवारों द्वारा अक्सर वैभवशाली दिखाई देने वाला फूलों का झूलता हुआ दरवाजा बनाया जाता था, यह एक विशेष दरवाजा होता था जो आँगन के भीतरी हिस्से को बाहरी हिस्से से अलग करता था। दरवाजे के दोनों द्वार पत्तों के आकार में उन खम्भों से लगे होते थे जो झूलते हुए फूलों की तरह लगते थे।

हुईजोऊ की अधिकतर ईंट नक्काशियों में बहुत सुंदर नीलापन लिए हुए मटमैला रंग है। प्रत्येक नक्काशी की गई कलाकृति में तीन या नौ नक्काशी किये गये अवयव शामिल होते थे। बड़े पैमाने पर लोकप्रिय नक्काशियों में मिथक कथाओं, स्थानीय नाटकों या लोककथाओं को दर्शाया जाता था। अन्य सामान्य विषयों में शामिल हैं सिंह, हाथी, शेर और आड़ू, आर्किड, बांस तथा परंपरागत शुभकारी रूपाकार जैसे प्राचीन बर्तन, राजा की मुहर और राज परिवार के उत्सव तथा शुभ समझे जाने वाले चीनी वर्णमाला के अक्षर।

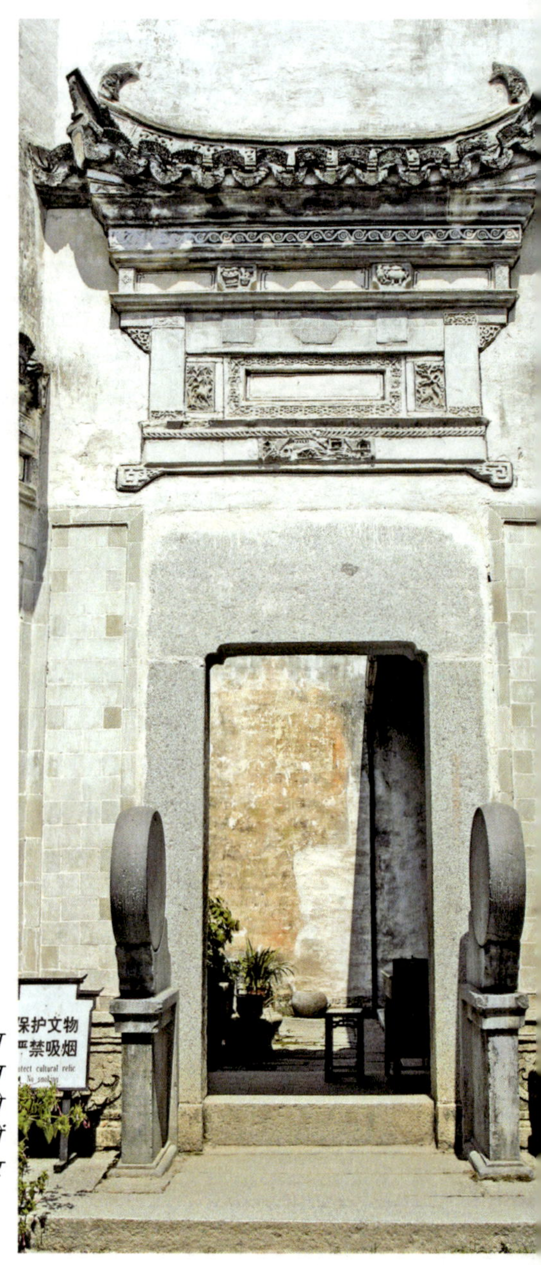

◆ *होंग गाँव के चेंगजी मदिर में बना ईंट द्वार : यह गाँव के एक स्मारक मंदिर का ईंट द्वार है। हुईजोऊ की बहुत सारी सरंचनाओं में अनुठानिक द्वार बने हुए हैं जो या तो ईंट से बने हुए हैं या बहुत सुन्दरता से तराशे गये पत्थरों से। इसके चौखटों पर ईंटों की नक्काशी की गई और सामने नगाड़े के आकर का एक पत्थर रखा हुआ है।*

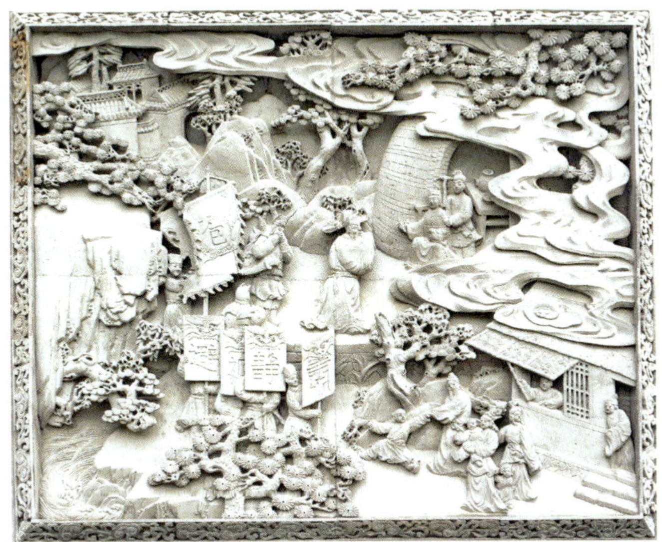

◆ ***पाओगोंग द्वारा गृह नगर की निरीक्षण यात्रा के उपलक्ष्य में बना हुईजोऊ ईंट नक्काशी*** – *हुईजोऊ के इस ईंट नक्काशी में पाओगोंग की निरीक्षण यात्रा को दर्शाया गया है जो प्राचीन चीनी दरबार का अधिकारी था और अपने अत्यंत ईमानदारी और निठा के लिए जाना जाता था।*

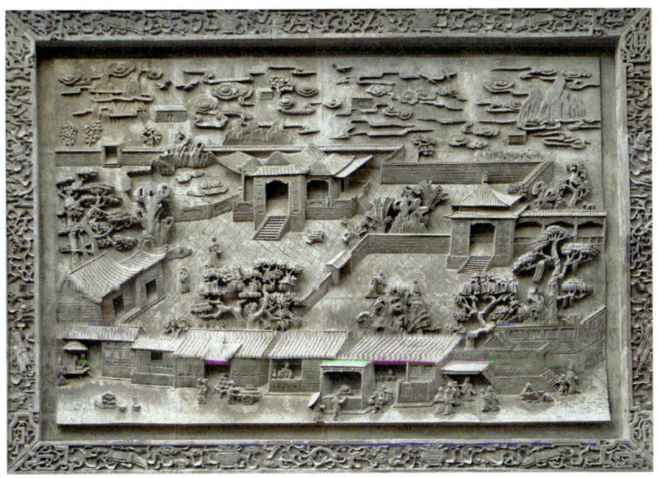

◆ ***हुईजोऊ ईंट नक्काशी 'पहाड़ी नगर'*** – *हुईजोऊ की इस ईंट नक्काशी में पहाड़ों से घिरे एक छोटे से नगर की सड़कों तथा सभी वर्ग के लोगों के जीवन को दर्शाया गया है।*

तियानजिन मिट्टी की मूर्तिकला जाँग

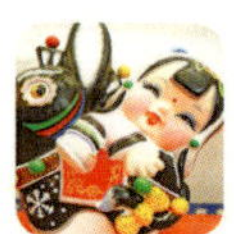
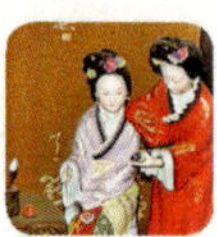
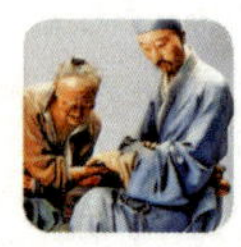
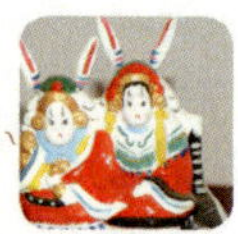
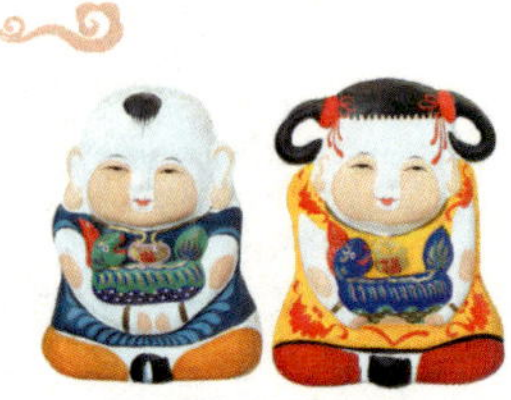

सितम्बर 2013 में बीजिंग की चीनीकला वीथिका के प्रदर्शनी कक्ष संख्या 8 बच्चों की किलकारियों और कैमरे के शटर की आवाजों से गूँज उठीं। वे वहां तियानजिन की मिट्टी की प्रदर्शित मूर्तियों को देख रहे थे। क्या सामान्य मिटटी से कलाकृति का निर्माण किया जा सकता है? चीन में मिट्टी की मूर्ति बनाने वाले शिल्पी मिट्टी को गूँथकर खिलौने बनाते हैं जिन्हें बच्चों द्व ारा बहुत पसंद किया जाता है, और वे मिट्टी की भव्य प्रतिमाओं का निर्माण भी कर सकती हैं।

झांग मींगशान – मिट्टी की मूर्तियाँ बनाने वाले कलाकारों का शीर्षपुरुष

तियानजीन का 'मिट्टी की मूर्ति झांग' एक प्रसिद्ध लोककला है जिसे झांग मींगशान ने चिंग राजवंश के अंतिम दिनों में बनाया था। उसे मिट्टी की मूर्ति बनाने की कला बचपन में उसके शिल्पी पिता ने सिखाई थी। जब वह किशोर वय तक पहुंचा तब तक उसकी बनाई मिट्टी की मूर्तियाँ बेहद प्रसिद्ध हो चुकी थी। उनमें आमतौर पर लम्बे समय तक टिकने वाले चमकीले रंगों तथा विविध प्रकार की मुखाकृतियों का प्रयोग किया जाता था और ये लम्बे समय तक खराब नहीं होती थीं। उत्तर और दक्षिण दोनों इलाकों में यह कहा जाता था कि उसके जैसा मिट्टी की मूर्ति बनाने वाला कोई कलाकार नहीं था, यह कहा जाता था कि वह किसी आदमी से बात करते करते उसकी जीवंत मूर्ति बना दिया करता था। एक समय में उसके द्वारा बनाई गई मिट्टी की मूर्तियाँ चिंग राजदरबार

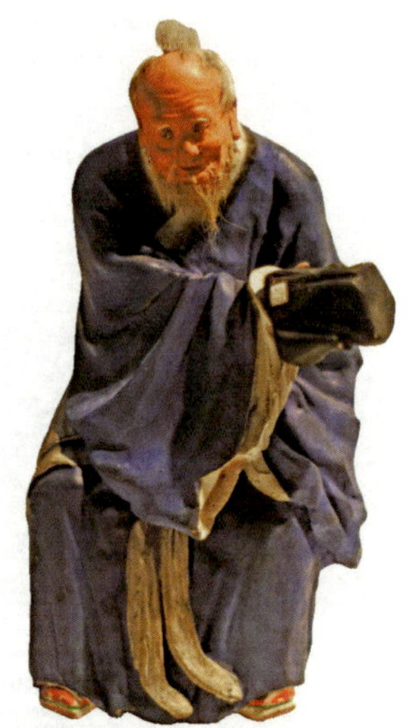

◆ *झांग मिंगश्चान की कलाकृति 'टोप के साथ बूढ़ा आदमी'*

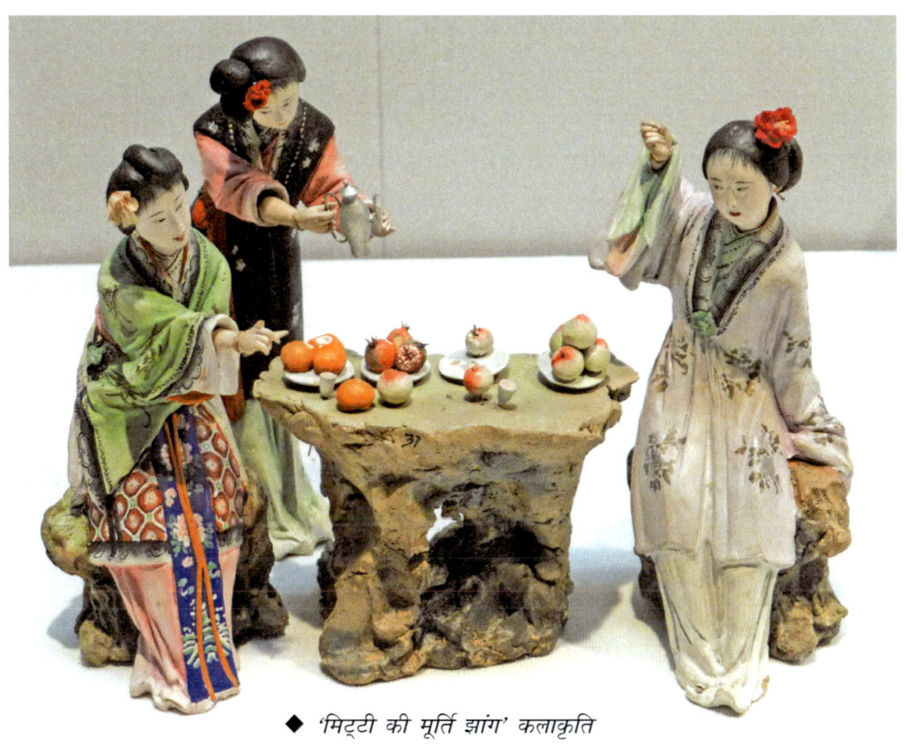

◆ *'मिट्टी की मूर्ति झांग' कलाकृति*

में पुरस्कार की तरह समझी जाती थीं। कहा जाता था कि चिंग राजवंश की महारानी डोवा गेर सीशी सोने की मूर्तियों के बजाय उसकी बनाई मिट्टी की मूर्तियाँ लेना पसंद करती थीं। कुछ पीढ़ियों के बाद झांग की बनाई मिट्टी की मूर्तियाँ चीनी मिट्टी कला की सबसे प्रमुख शैली बन गई।

झांग की उपलब्धियां केवल मिट्टी कला तक ही सीमित नहीं थीं बल्कि इस मायने में भी उसको पुरोधा माना जाता है कि उसने कला को आम लोगों के लिए सुलभ बनाया। प्राचीन चीन में मूर्ति कला का मुख्य रूप से उपयोग धार्मिक कार्यों और स्मारक बनाने के लिए किया जाता था। एक प्रथा यह थी कि किसी जीवित व्यक्ति की मूर्ति का निर्माण न किया जाय। झांग मींगशान ने ऐसी मूर्तिओं का निर्माण किया जिनके चेहरों पर जीवंत होते थे तथा उनका शरीर थोड़ा सा विकृत होता था। धीरे धीरे उसकी बनाई मिट्टी की मूर्तियाँ मन्दिरों से लोगों के घरों में चली गई।

गली-सड़कों के जीवन के विविध रूप

लोककथाओं, नाटकों की कहानियाँ तथा साहित्यिक कृतियों के अलावा तियांगजीन 'मिट्टी की मूर्ति झांग कलाकृति' में समाज के सभी तबके के लोगों के सामान्य जीवन को चित्रित किया जाता था। इसका बहुत अच्छा उदाहरण मूर्तियों का वह समूह है जिसको 'तीन सौ साठ व्यापार एवं पेशे' नाम दिया गया, जिसका निर्माण झांग परिवार की दूसरी पीढ़ी के कलाकार झांग यूपींग द्वारा किया गया। मूर्तियों के इस समूह में शहर की सड़कों पर लोगों के वास्तविक जीवन को दर्शाया गया है जिनमें एक गन्ना खाता आदमी, एक बढ़ई, एक भविष्यवक्ता, भार उठाने वाला मजदूर, कैंडी बेचने वाले तथा मछली बेचने वाली एक स्त्री को दर्शाया गया है।

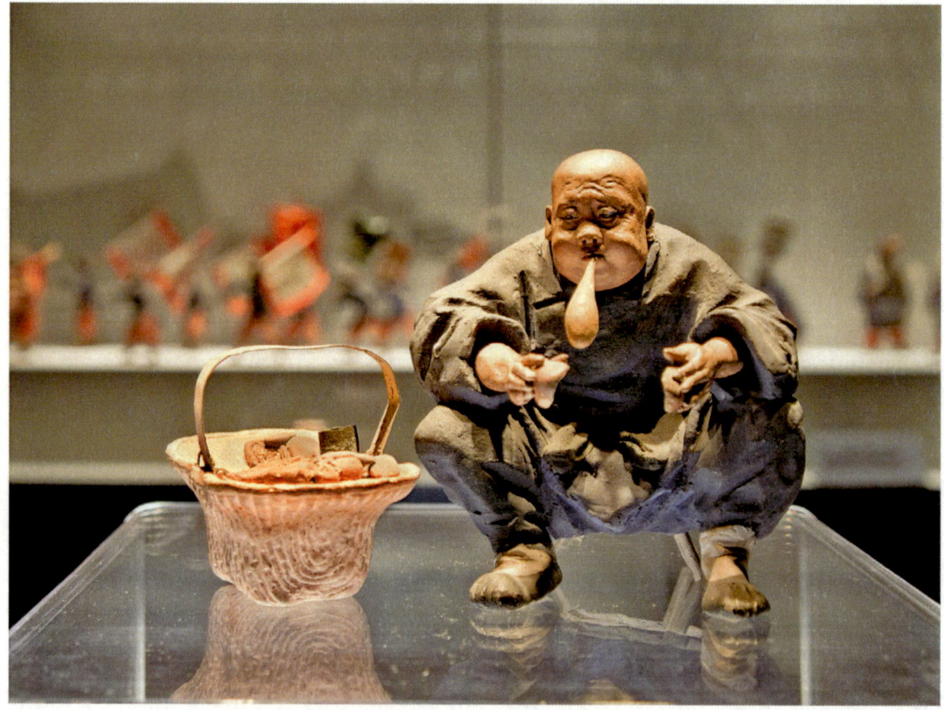

◆ *'मिट्टी की मूर्ति झांग' 'गन्ना छीलता आदमी'*

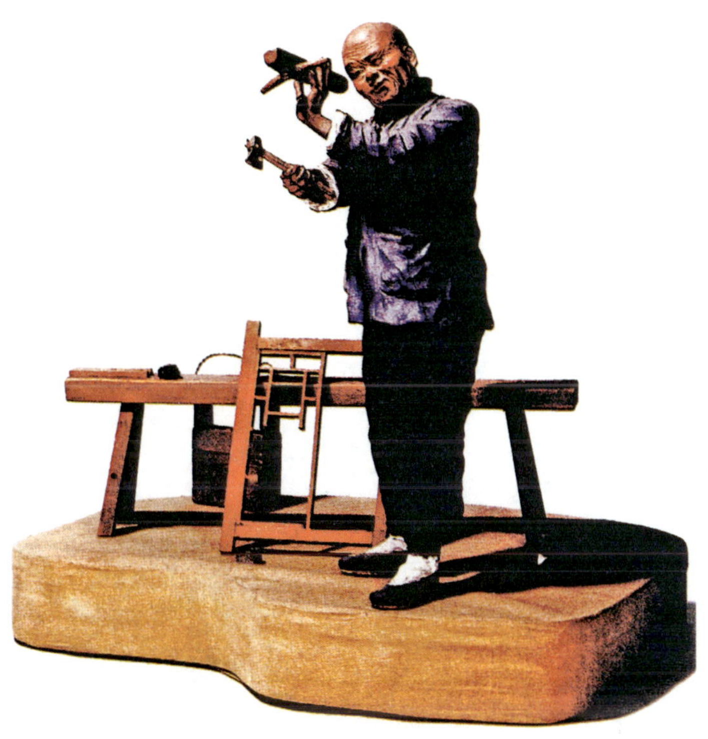

◆ *'मिट्टी की मूर्ति झांग' — चित्रित मूर्ति 'बढ़ई'*

झांग मिट्टी कला में किसी व्यक्ति के हाव भाव तथा उसकी मुखाकृति को चित्रित करके किसी व्यक्ति के निजी व्यक्तित्व पर जोर देने का प्रयास किया जाता था। तकनीक एवं कलाकारी के द्वारा मिट्टी की मूर्ति में वास्तविक जीवन का सामान्य दृश्यप्रभाव पैदा कर दिया जाता था। उदाहरण के लिए एक मूर्ति है 'बाज़ार से लौटते हुए' जिसमें एक बूढ़ी औरत को दर्शाया गया है जो चश्मा पहनकर बैठी है और बाज़ार से खरीदकर लाई गई मछली का वजन कर रही है और उसके चेहरे पर संतोा का भाव है। एक और उदाहरण है 'बढ़ई' जिसमें काम करते एक बढ़ई को दर्शाया गया है जिसकी एक आँख बंद है और दूसरी खुली आँख से वह अपने औजार को ठीक ठाक कर रहा है।

मिट्टी की सुंदर गुड़िया

एक लोक गीत में कहा गया है जब वह रोता है तो बच्चा अपनी माँ को खोजता है और उसकी माँ मिट्टी की गुड़िया खरीद देती है, और बच्चा फिर खुश हो जाता है। पुराने जमाने में मिट्टी की गुड़िया बच्चों के लिए जरूरी खिलौने की तरह थी।

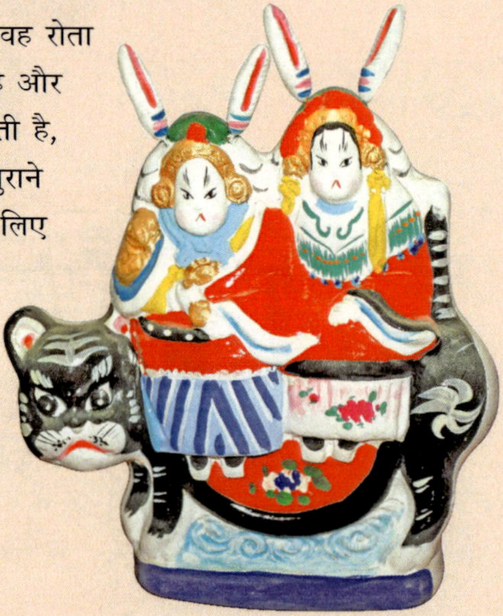

मिट्टी की गुड़िया अलग अलग शैली की होती थी, सभी का अपना स्थानीय प्रभाव होता था। बीजिंग में 'दादी माँ खरगोश' बहुत लोकप्रिय खिलौना एवं सजावट की सामग्री थी जिसका उपयोग मध्य पतझड़ के त्योहार में सजावट के लिए किया जाता था। इस खिलौने का चेहरा खरगोश का है तथा इसके कान बेहद लम्बे हैं, इसका होंठ कटा हुआ है और शरीर इंसान का है। पुराने जमाने में बीजिंग में सड़क पर लगने वाले मेलों में खरगोश गुड़िया बेचने के लिए फेरी वाले भरे रहते थे, जिनके हाथ में अलग अलग आकार की खरगोश गुड़िया होती थी, जिससे बच्चे बेहद आकर्षित होते थे।

◆ *मिट्टी की गुड़िया 'दादा खरगोश'*

प्रसिद्ध 'बड़ा खुशदिल गुड्डा': जिआंगशु प्रांत से हुईसांग मिट्टी की मूर्तियों में सबसे अनोखा है। यह गुड्डा देखने में गोलू मोलू बच्चे जैसा है और इसने रेशम के रंगीन वस्त्र पहन रखे हैं, बहुत प्यारा और खुशदिल लगता है। इसी बुनियादी शैली को आधार बनाकर हुईशान के मिट्टी कलाकारों ने मिट्टी की अन्य तरह की गुड्डे गुड़ियों का निर्माण किया, जैसे 'रुई की संतुट गुड़िया' और

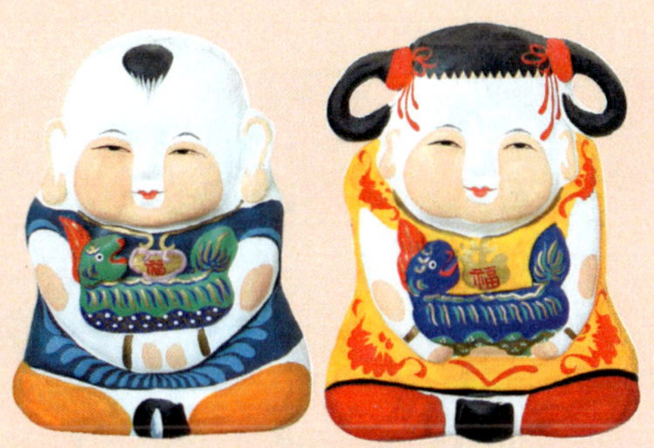

◆ *हुसान 'बड़ा खुशदिल गुड्डा'*

'फूलों वाली गुड़िया', जो बहुत सुंदर मुस्कुराती हुई गुड़िया है। इसी से प्रेरित होकर 'सौभाग्य गुड़िया' का निर्माण हुआ जो 2008 में बीजिंग ओलिंपिक का शुभंकर था।

हेनान प्रांत के जून कस्बे में मिट्टी की एक और प्रकार की गुड़िया बनाई जाती है जिनको मिट्टी का मुर्गा कहा जाता है, जो आकार में छोटे होते हैं और अंदर से खोखले।हर गुड़िया में एक छेद होता है जिसमें फूंकने से आवाज निकलती है, इसलिए इसका यह नाम दिया गया। इनको इंसान, चिड़िया, शेर, घोड़े और मुर्गे के आकार का बनाया जाता है।

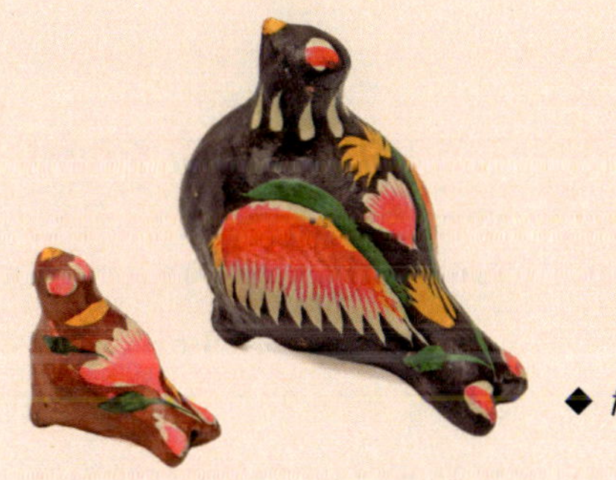

◆ *मिट्टी का मुर्गा*

शांक्शी लोई कला – 'फूलों का बन'

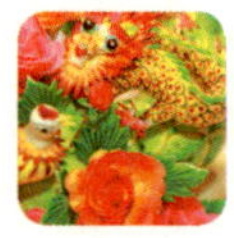 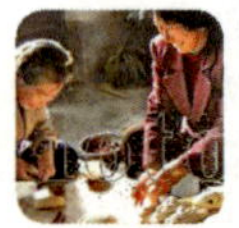 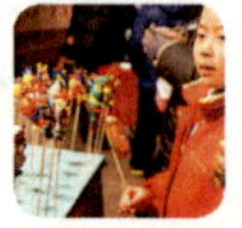 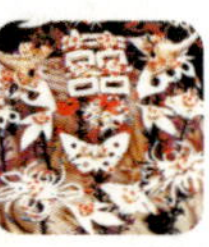

उत्तर चीन में उबला हुआ बन, पीटा ब्रेड और नूडल्स, जो आटे का बना होता है, बहुत जरुरी माना जाता है। शांक्शी और शानदोंग प्रांत में रोटी और बन बनाने के लिए जिस आटे का प्रयोग किया जाता है उनको खाने वाली कलाकृतियों में भी बदल दिया जाता है। सजावट के साथ जो बन और रोटियां बनाई जाती हैं उनको फूलों का बन भी कहते हैं।

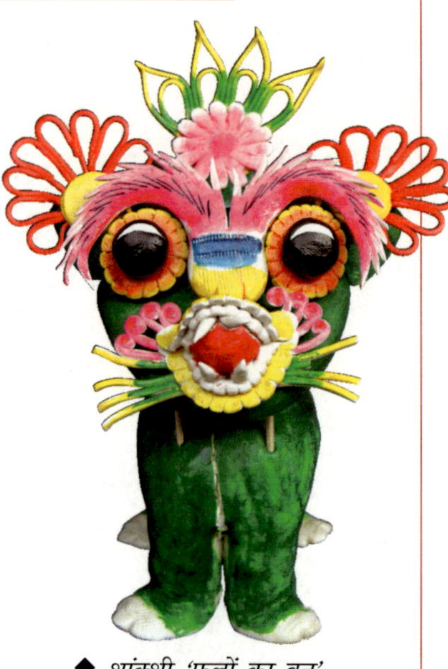

◆ *शांक्शी 'फूलों का बन'*

खाद्य कला

फूलों का बन चीन की परंपरागत लोई से बनाई जाने वाली हस्तकला है। मुख्य रूप से इसको गेहूं के आटे से बनाया जाता है, आटे को गूँथकर चिड़िया, मछली, कीड़े-मकोड़े, सब्जियां, फल और फूलों के रूप में ढाल लिया जाता है और फिर उनको काले और लाल रंग की बीन्स तथा खजूर से सजाया जाता है, फिर उनको उबालकर खाने वाले रंगों से रंगा जाता है।

आमतौर पर इनको पहले प्रदर्शन के लिए रखा जाता है और फिर खाया जाता है। चमकदार रंगों और अलग अलग तरह के आकारों के कारण ये सुखद जीवन तथा शुभकामना

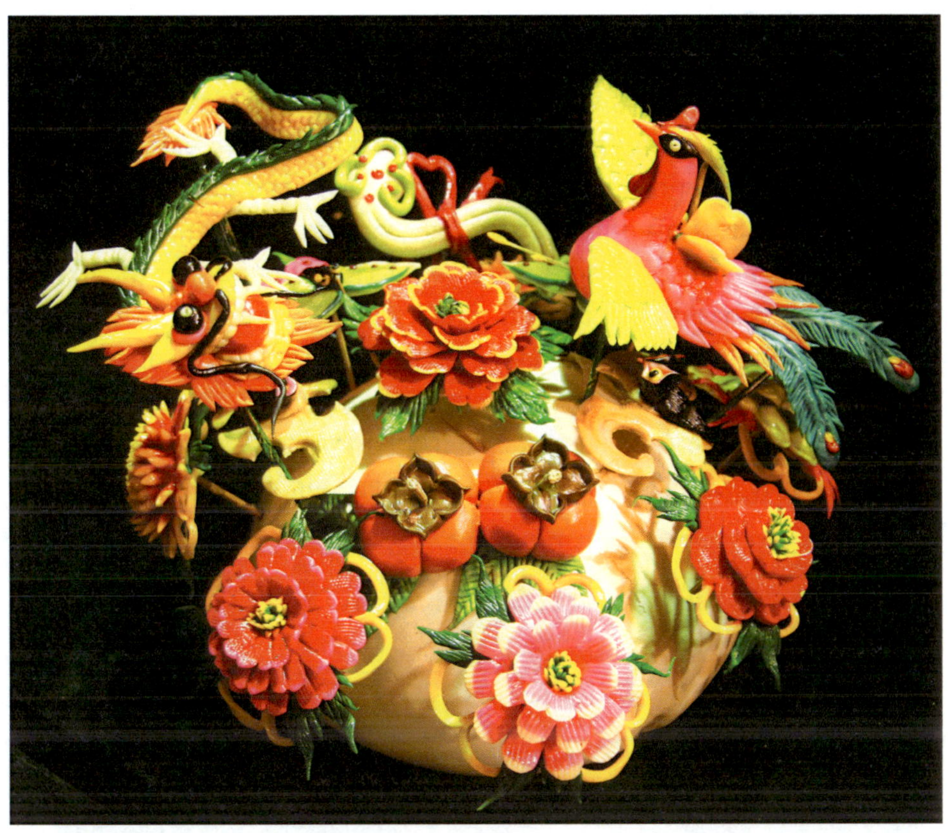

◆ ***'शांक्शी फूलों का बन' ड्रैगन तथा फिनिक्स समृद्धि लाता है*** *– दृशांक्शी के इस फूलों वाले बन पर ड्रैगन, जो सभी पशुओं का राजा होता है तथा फिनिक्स, जो पक्षियों की रानी होती है, की सजावट की जाती है। दोनों एक साथ पारंपरिक चीनी संस्कृति में सामंजस्य और भविय के सौभाग्य के सूचक होते हैं।*

के प्रतीक माने जाते हैं और शानसी प्रांत के मध्य एवं उत्तरी भागों में खाने की बहुत लोकप्रिय सामग्री के रूप में प्रचलित हैं।

उदाहरण के लिए आटे की मूर्ति 'बच्ची में बदलती हुई मछली' का सर बच्चे का है और शरीर बच्चे का, जिसके ऊपर मछली कि चमड़ी नहीं होती है बल्कि वह कमल के फूलों से ढंका होता है जिसका मतलब होता है परिवार की पीढ़ी के लिए आने वाली समृद्धि।

चीनी नववर्ष के अवसर पर बनाया जाने वाला 'फूलों का बन'

'फूलों का बन' चीन में छुट्टियों के दौरान खाया जाने वाला मुख्य खाद्य पदार्थ है। शांक्शी और शांदोंग में चीनी नववर्ष के अवसर पर खजूर से सजाये गए बन बनाये जाते हैं और मध्य पतझड़ के त्योहारों के अवसर पर जो बन बनाये जाते हैं वे मून केक के आकार के होते हैं। नववर्ष की पूर्व संध्या पर परिवारों के लिए यह बहुत आम बात है कि रात में खाने की मेज के चारों तरफ बैठकर खूब अच्छी तरह से सजाये गए फूलों वाले बन की सुन्दरता और उसके स्वाद का आनंद लें तथा आने वाले साल के लिए समृद्धि की कामना करें।

'फूलों वाले बन' शादी तथा जन्मदिन के आयोजनों के साथ साथ किसी की याद में मनाये जाने वाले उत्सवों के अवसर पर भी बहुत लोकप्रिय हैं।

शांक्शी प्रांत के ह्यांग कस्बे में यह माना जाता है कि वधु के पास दहेज के रूप में बेहद सुन्दरता से सजाया हुआ 'फूलों का बन' होना चाहिए जो उसके परिवार के तरफ से अपनी

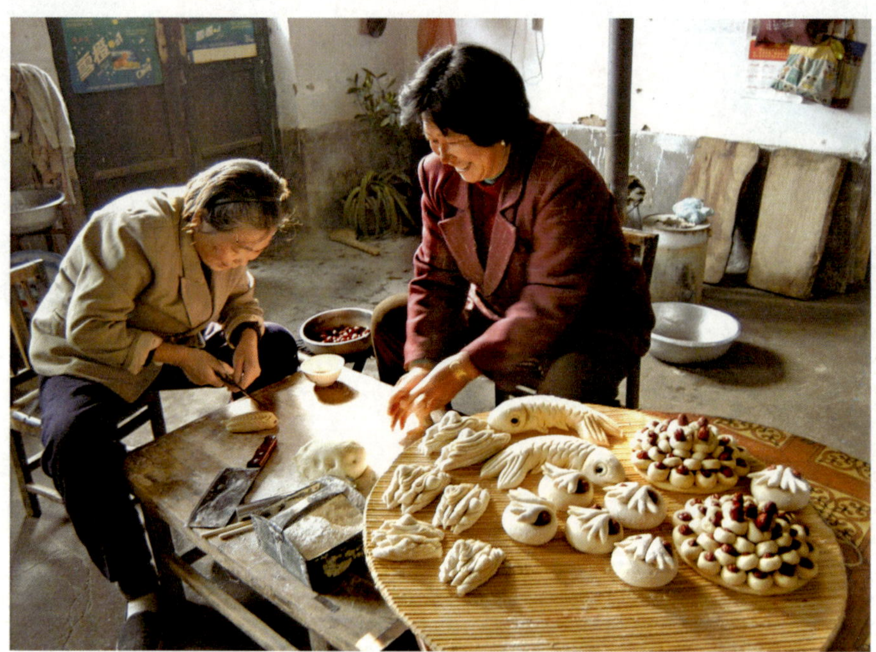

◆ *शांदोंग प्रांत के किसान 'फूलों का बन' बनाकर चीनी नव वर्ष उत्सव की तैयारी में।*

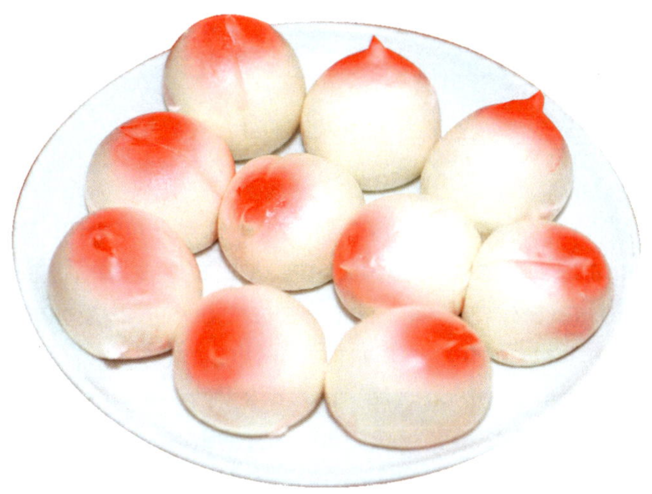

◆ *जन्मदिन के अवसर पर लम्बी उम्र की कामना के लिए बनाया जाने वाला आड़ू का बन*

प्यारी बेटी के साथ उसके पति के परिवार के सुखद जीवन के शुभकामना सन्देश के रूप में भेजा जाना चाहिए। इसके अलावा उनके दहेज में मिट्टी की बनी लड़के और लड़की की प्रतिमा भी होती है जो इस कामना का प्रतीक होती है कि नवविवाहित जोड़े को जल्दी से जल्दी बच्चे हों। विवाह के अवसर पर 'फूलों के बन' का इंतजाम इतना भड़कीला तथा सुंदर होता है कि नवविवाहित उनको खाने के बजाय अक्सर अपने नए घर में सजावट के रूप में रखना चाहते हैं।

जब नवजात बच्चा एक महीने का हो जाता है तो पत्नी के परिवार की ओर से सांड के आकार का 'फूलों का बन' भेजा जाता है जिसके पीछे यह शुभकामना छिपी होती है कि बच्चा सांड की तरह मजबूत बने। बच्चा अगर लड़की है तो परिवार की ओर से मछली के आकार का 'फूलों का बन' भेजा जाता है जिसके ऊपर आटे के फूल बने होते हैं जो इस सन्देश का प्रतीक है कि जब उस लड़की की शादी हो तो उसके खूब सारे बच्चे हों।

घर के वरिठ व्यक्ति के जन्मदिन को मनाने के लिए युवा पीढी के लोग आड़ू के आकार का बन बनाते हैं जो पश्चिमी देशों के जन्मदिन केक जैसा ही होता है। उस बन के बीच में चीनी वर्णमाला का एक अक्षर बना होता है जिसका अर्थ होता है दीर्घजीवन, उसके चारों तरफ बगूले, देवदार के पत्ते तथा अन्य शुभ समझे जाने वाले चित्र बने होते हैं जो उस बुजुर्ग के दीर्घ एवं स्वस्थ जीवन की कामना के लिए होते हैं।

'आटे की मूर्तियाँ'

गाँव में आटे की मूर्तियों को प्रदर्शित करने के बाद खा लिया जाता था। लेकिन शहरों में आटे की मूर्तियाँ बनाने वाले कलाकार आते को गूँथने के बाद उसे पेंट कर देते हैं और बिना उसको उबाले मूर्ति का आकार दे देते हैं जो कि केवल कलाकृति के रूप में बनाया जाता है।

आटे की मूर्तियों को बच्चे बहुत पसंद करते हैं, ये मूर्तियाँ गेहूं या चिपचिपे चावल के आटे, शहद, पानी, तेल तथा रंग को मिलाकर बनाया जाता है। उसके बाद आटे के इस मुलायम मिश्रण को हाथों से इंसानी या जानवरों के अलग अलग रूपों में ढाल लिया जाता है। मूर्ति के नीचे की तरफ एक छोटी सी छड़ी लगा दी जाती है ताकि बच्चे उसको आसानी से पकड़ पाएं। आटे की ज्यादातर छोटी छोटी मूर्तियाँ सुंदर स्त्रियों, प्यारे बच्चों या मिथक कथाओं के पात्रों, स्थानीय नाटकों या ऐतिहासिक कहानियों के पात्रों की होती हैं।

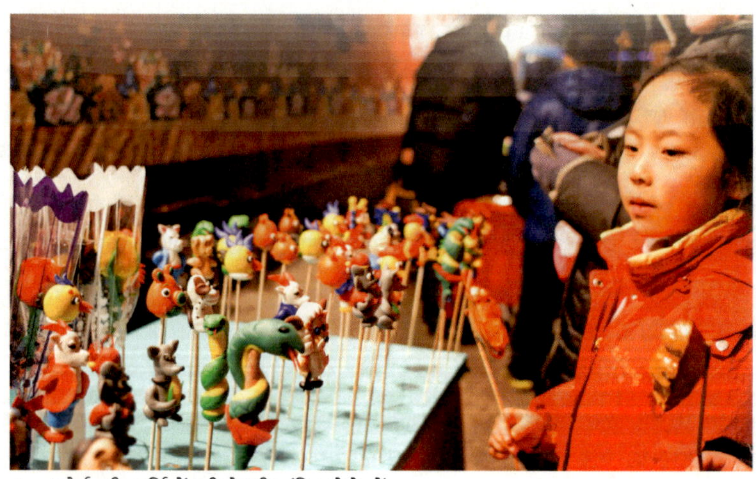

◆ *लोई की मूर्तियों की रेहड़ी-मंदिर मेले में*

चीन के जनजातीय अल्पसंख्यकों की चित्रकला

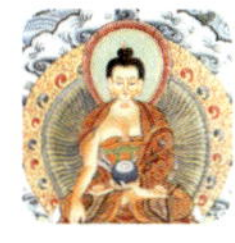 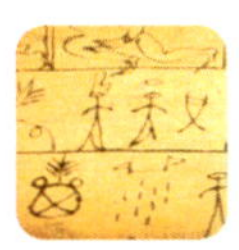 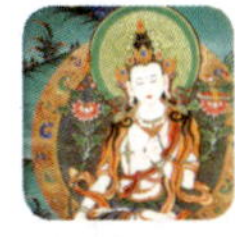 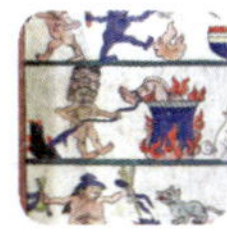

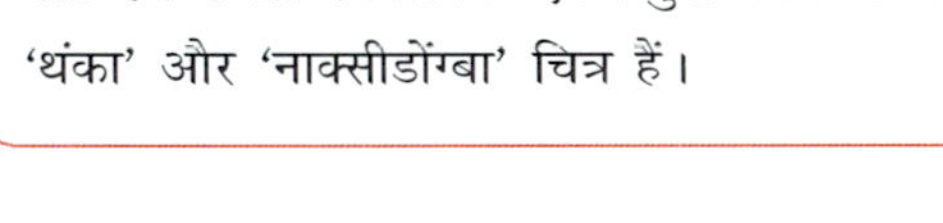

चीन में पचपन अल्पसंख्यक समूह हैं, सभी की अपनी विशिष्ट संस्कृति, परम्परा एवं कला है। इन जनजातीय अल्पसंख्यकों के अनेक चित्रों में बेहद जीवन्तता तथा रचनात्मकता दिखाई देती हैं। सबसे रचनात्मक एवं प्रमुख चित्रकला तिब्बत की 'थंका' और 'नाक्सीडोंग्बा' चित्र हैं।

'तिब्बती थंका'

इन चित्रों की प्रकृति बेहद स्पट रूप से तिब्बती और धार्मिकता से भरपूर है। थंका चित्रकला बौद्ध चित्रों का समूह है जिसमें तिब्बती बौद्ध देवी देवताओं, कहानियों, ऐतिहासिक पात्रों और तिब्बती चिकित्सकों को दिखाया जाता है।

ज्यादातर थंका चित्र रेशम के ऊपर या तो कशीदाकारी करके बनाये जाते हैं या कपड़ों पर रंगों से चित्रित किये जाते हैं। थंका में निम्नलिखित रंगों का निश्चित रूप से पालन किया जाना चाहिए। लाल, नीला, हरा, पीला और सफेद मुख्य रंग हैं। सुनहरे या काले रंग की सजावटी रेखाओं का प्रयोग इन चित्रों को त्रिआयामी बनाने के लिए किया जाता है। बड़ी

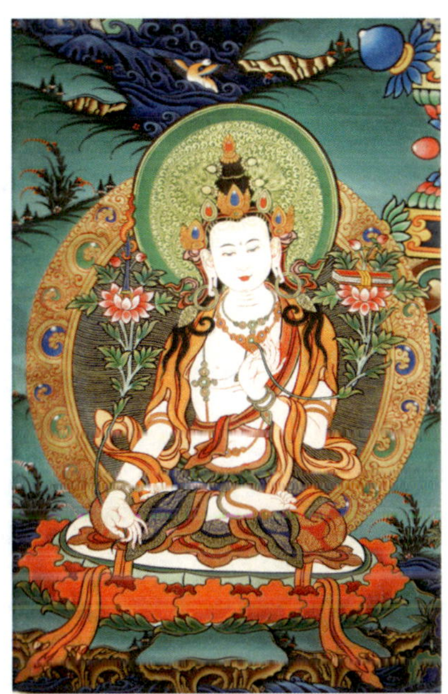

◆ थंका चित्रकला में मंजुश्री बोधिसत्व

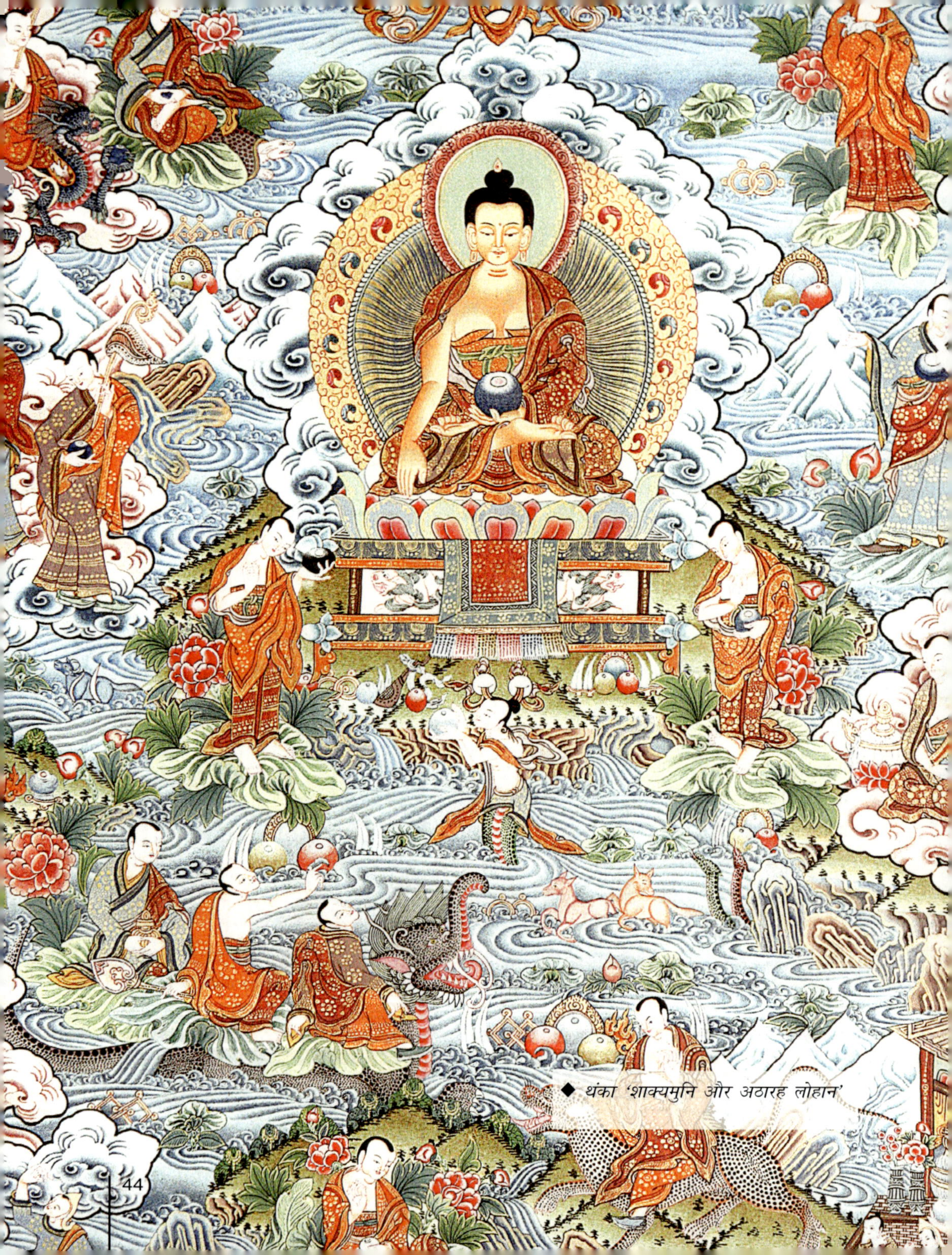

◆ थंका 'शाक्यमुनि और अठारह लोहान'

मात्र में सोने, चांदी, अन्य प्रकार के रत्नों तथा अन्य प्राकृतिक पौधों और खनिजों के बुरादों से बनाये जाने के कारण थंका चित्र बनाये जाने के बहुत समय बाद तक सुंदर और चमकीले दिखाई देते हैं।

थंका चित्र बनाने की विधि बेहद जटिल तथा मेहनत भरी है। एक आँख बनाने के लिए पांच सौ बार कूची फेरनी होती है। आमतौर पर एक थंका चित्र बनाने में कुछ महीनों से कुछ साल तक का समय लग जाता है। थंका चित्रकला अलग अलग आकारों की होती है, जिसमें आमतौर पर चित्रों की सरंचना ऊपर से नीचे की तरफ की जाती है तथा नीचे की तरफ सफेद स्थान छोड़ दिया जाता है। थंका चित्रों में जो सबसे सामान्य चित्र होते हैं उसमे बीच में बुद्ध की मूर्ति बनी होती है और ऊपर की तरफ कोने में बायें से दायें की तरफ अन्य धार्मिक मूर्तियाँ इस तरह से बनी होती हैं जो बीच वाली मुख्य मूर्ति को चारों तरफ से घेरकर बनाई जाती हैं। इन चित्रों में मंदिरों, महलों, चट्टानों, बादलों और पेड़ों की मूर्तियाँ होती हैं।

नाक्सी डोंग्बा छवि चित्र

नाक्सी एक जनजातीय समूह है जो यूनान प्रांत और दक्षिण पश्चिम शिचुआन प्रांत से लगे हेन्दुआन पहाड़ों में रहती है। इनकी जनसंख्या तो बहुत कम है लेकिन अपनी विशिष्ट डोंग्बा संस्कृति के कारण इनकी प्रसिद्धि दुनिया भर में है। डोंग्बा संस्कृति का जन्म डोंग्बा धर्म से हुआ जिसका इतिहास एक हजार वर्ष पुराना है। डोंग्बा संस्कृति में डोंग्बा भाा, लिपि, चित्रकला, संगीत तथा नृत्य शामिल है। डोंग्बा धर्म की जड़ें नाक्शी की आदिकालीन बहुधार्मिक मान्यताओं में है, और उनके देवता को डोंग्बा कहा जाता है, उनकी भाा में जिसका अर्थ बुद्धिमान पुरुा होता है।

◆ नाक्सी काष्ठ चित्रकला

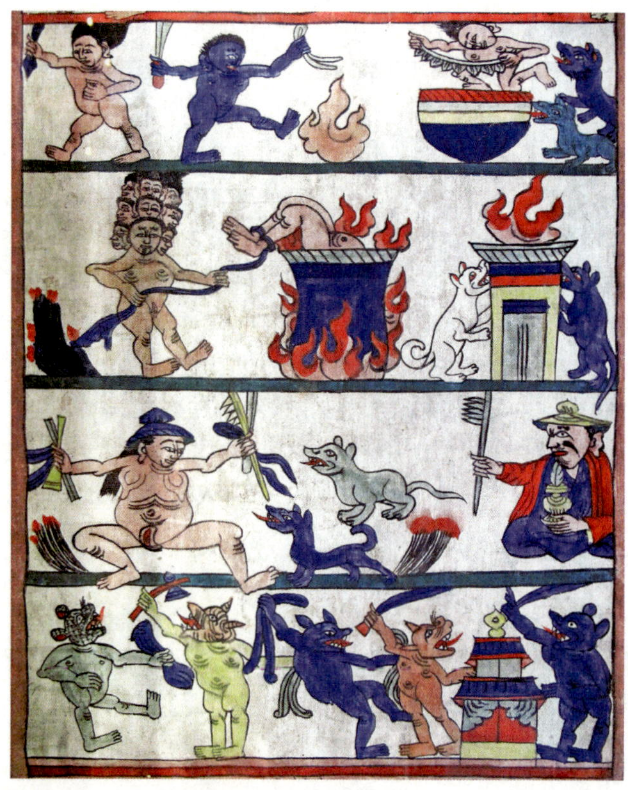

◆ *स्वर्ग का रास्ता*

डोंग्बा संस्कृति के महत्वपूर्ण पहलू के रूप में नाक्शी मान्यताओं और उनके देवी देवताओं से जुड़ी दैनिक गतिविधियों को डोंग्बा चित्रकला में दर्शाया जाता है। प्राचीन काल में डोंग्बा के कलाकार बुद्ध, देवी देवताओं, पशु, पेड़-पौधे या दानवों के चित्र बनाते थे जिनकी लोग पूजा करते थे। डोंग्बा चित्रकला की शैली में शामिल हैं काष्ठ चित्रकला, रेखाकारी और उनके उपर धर्मग्रंथों के उपदेश, कागज़ी चित्रकला तथा खड़ी चित्रकला। 'स्वर्ग का रास्ता' सबसे प्रसिद्ध डोंग्बा खड़ी चित्रकला है जिसमें नरक, धरती, प्रकृति तथा स्वर्ग को दर्शाने वाली सौ पट्टियां हैं जिनको चार खण्डों में बांटा गया है।इसमें कुल 360 विशिष्ट आकार के चित्र तथा पशुओं की छवियाँ हैं।

आज नाक्शी के कुछ कलाकारों ने डोंग्बा की परंपरागत कला की विशेषताओं को आधुनिक तकनीकों और सामग्रियों से जोड़ते हुए बहुत प्रभावशाली कलाकृतियाँ बनाई हैं जिसके विषय बहुत समृद्ध हैं तथा जिसमें विस्तृत रूप से नाक्शी लोगों के इतिहास और उनकी विशिष्ट परम्पराओं को दिखाया गया है।

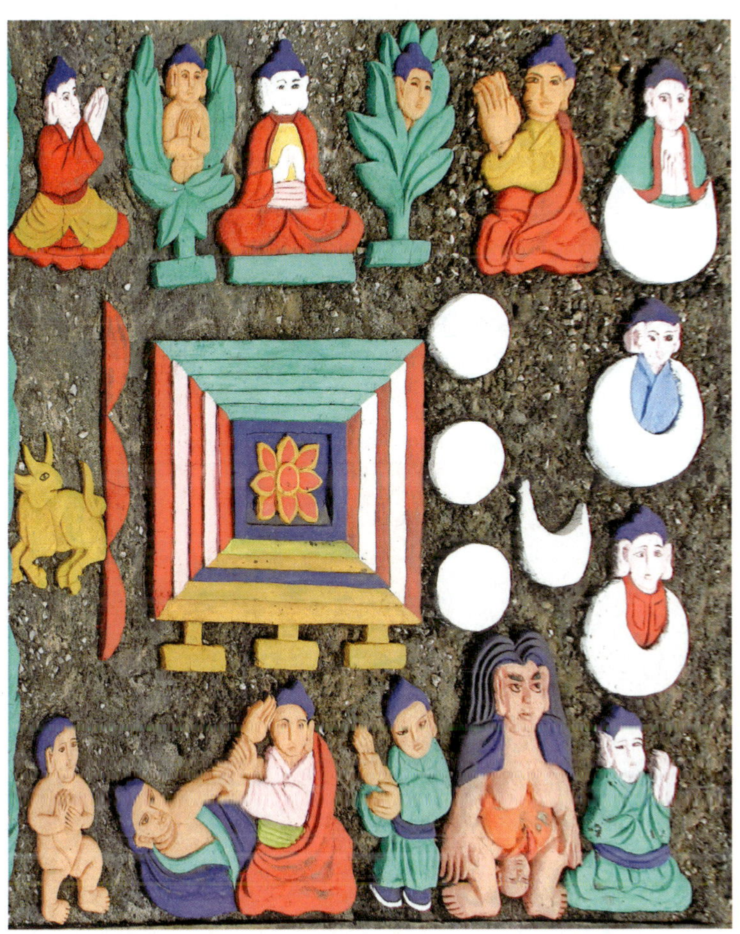

◆ *डोंग्बा देवताओं के स्तंभ पर 'स्वर्ग का रास्ता', युनान प्रांत के लिजियांग में*

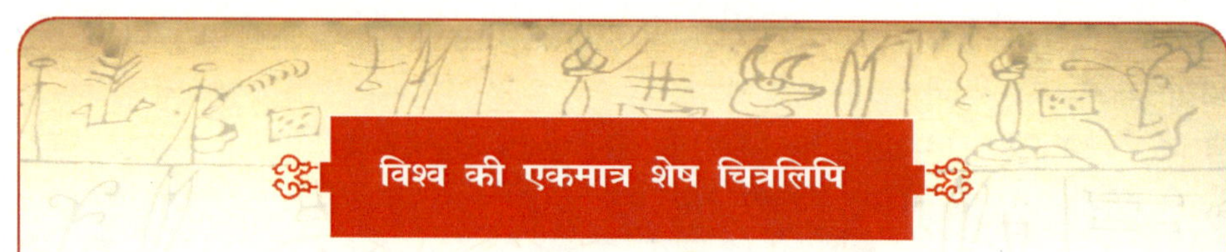

विश्व की एकमात्र शेष चित्रलिपि

'जीवित जीवाश्म' भाा के रूप में जानी जाने वाली आज संसार में एक मात्र शेष चित्रलिपि है। इसमें कुल चौदह सौ चित्राक्षर हैं, जिनमें से प्रत्येक किसी भौतिक वास्तु या किसी अमूर्त विचार का प्रतिनिधित्व करते हैं। अक्सर उनको एक साथ करके जटिल घटनाओं को दर्ज किया जाता है। 1920 के दशक में डोंग्बा भाा ने चीन तथा बाहर के देशों के अकादमिक जगत के लोगों का ध्यान आकर्षित किया। फ्रेंच विद्वान् जौक बाको ने अपनी पुस्तक 'मेक्सी स्टडीज' में डोंग्बा भाा की 370 चित्राक्षरों का परीक्षण किया। अमेरिका के डॉक्टर जोसेफ एफ. रॉक ने दो खण्डों में 'नाक्शी इंग्लिश इनसाइक्लोपीडिया डिक्शनरी' का सम्पादन किया। 2003 में प्राचीन नाक्शी डोंग्बा साहित्य की पांडुलिपियों को यूनेस्को की 'मेमोरी ऑफ द वर्ल्ड रजिस्टर' में शामिल कर लिया गया।

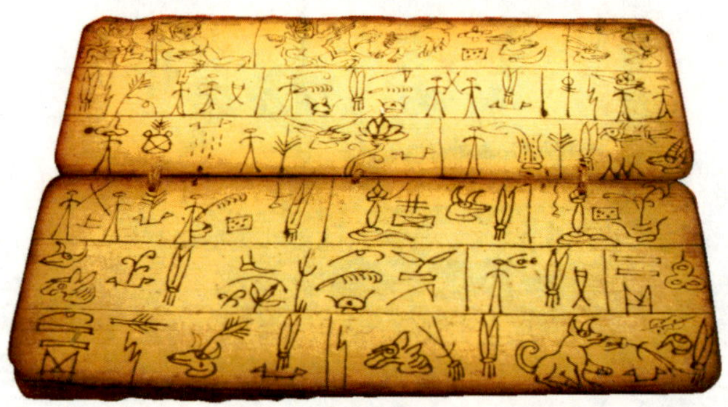

◆ *प्राचीन नाक्शी डोंग्बा साहित्यिक पांडुलिपि।*

2

लोक शिल्प

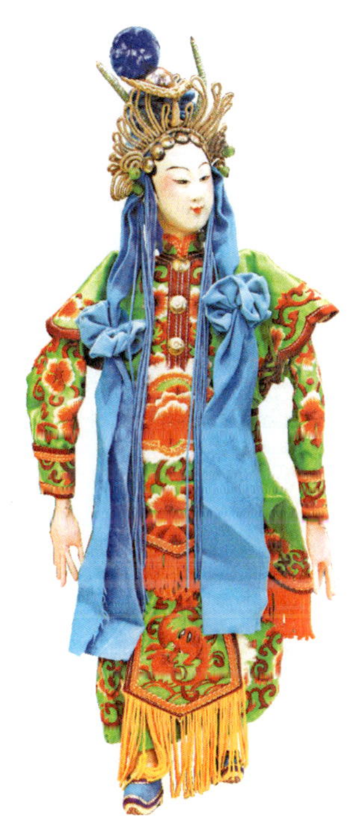

जिंगजेन चीनी मिट्टी कला

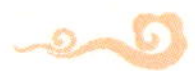

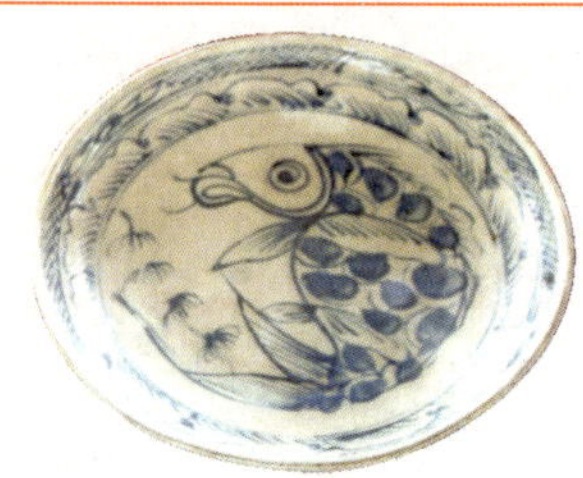

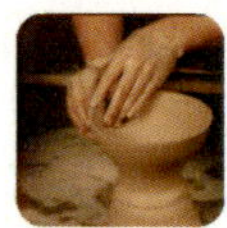

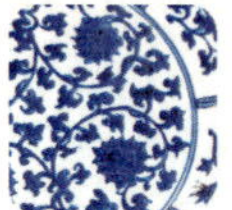

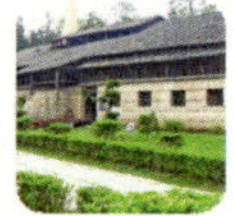

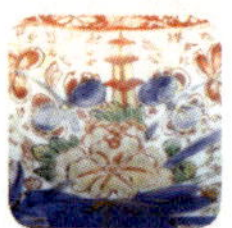

जिंगजेन जियांग्सी प्रांत के उत्तर पूर्व में अवस्थित है तथा उच्च कोटि के चीनी मिट्टी के बर्तनों के कारण इसको चीन तथा दुनिया के अन्य भागों में चीनी मिट्टी की राजधानी कहा जाता है।

जिंगजेन में 13वीं शताब्दी में ही नीली और सफेद चीनी मिट्टी सामने आई थी और चौदहवीं शताब्दी तक यह चीन में चीनी मिटटी के निर्माण का केंद्र बन गया। आज भी चीनी मिट्टी का निर्माण प्राचीन चीन के इस नगर में समृद्धि का कारक है क्योंकि यहाँ आज भी चीनी मिट्टी के बेहद पुराने भट्ठे हैं तथा नदी के साथ नीचे की तरफ उसके कारखाने भी। यहाँ चीनी मिट्टी की मौजूदगी का पता गलियों में बिछे नीले रंग के पत्थरों से तथा नीले और सफेद रंग से सजाये गये स्ट्रीट लाइट से चलता है।

नीली और सफेद चीनी मिट्टी क्या है?

नीली और सफेद चीनी मिट्टी एक प्रकार की विशेष सफेद चीनी मिट्टी है जिसके ऊपर नीले कोबाल्ट ऑक्साइड कणों का छिड़काव किया जाता है। इस डिजाईन को बनाने के लिए परंपरागत चीनी इंक पेंटिंग तकनीक का प्रयोग किया जाता है

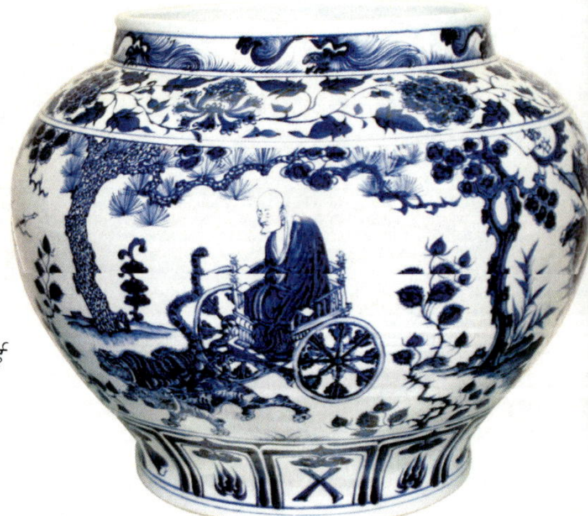

◆ *नीली-सफेद मिट्टी का बना घड़ा – पहाड़ों के नीचे गुईजुई (युआन राजवंश) युद्धरत राज्यों के काल में गुईजोई महत्वपूर्ण ठिकाना था।*

जिसके माध्यम से नीले आकारों और इसकी चमक के बीच संतुलन के द्वारा बहुत आकर्षक बना दिया जाता है। यह रंग बहुत टिकाऊ होता है और इसे मिटाना बहुत मुश्किल होता है। इस कारण से नीले और सफेद रंग के बर्तन अपने उच्च कलात्मक मूल्यों के कारण दुनिया भर के कला संग्राहकों के पसंदीदा हैं।

2008 में बीजिंग ओलम्पिक वाटर स्पोर्ट्स के पुरस्कार समारोह के दौरान ट्राफी उठाने वाली चीन की लड़कियों ने जो गाउन पहन रखे थे उनके ऊपर सफेद और नीली चीनी मिट्टी जैसे डिजाईन बने हुए थे। बीजिंग ओलम्पिक पुरस्कार समारोहों के दौरान पहनने के लिए जिन वस्त्रों का चुनाव किया गया था उनमें इस शैली के वस्त्र सबसे लोकप्रिय हुए।

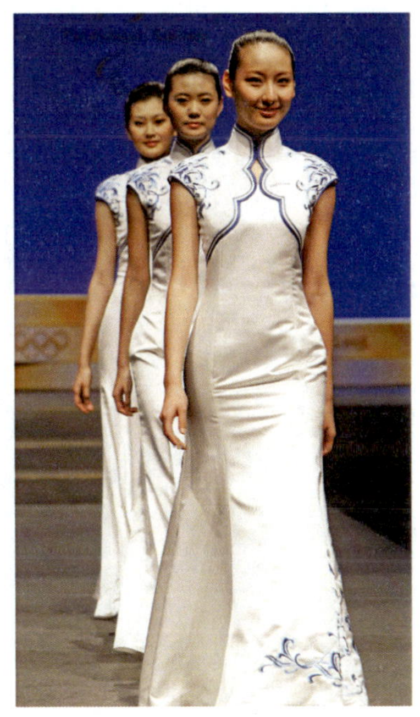

◆ *नीली और सफेद चीनी मिट्टी की डिज़ाइन वाले वस्त्र जिनको 2008 में बीजिंग ओलंपिक्स के अवसर पर पहना गया।*

राजपरिवार के लिए चीनी मिट्टी के बर्तन

प्राचीन काल से ही चीनी मिट्टी के बर्तन केवल आम लोगों में नहीं बल्कि चीन के राज परिवारों में भी बेहद लोकप्रिय रहे हैं।

जिंगजेन में तांग और सोंग राजवंश के काल से ही राजपरिवार के लिए चीनी मिट्टी के बर्तन बनाये जाने लगे। चीनी मिट्टी निर्माण के एक हज़ार साल के इतिहास के दौरान अलग अलग राजाओं के पसंद के अनुसार इनके डिजाईन और इनकी शैलियों में

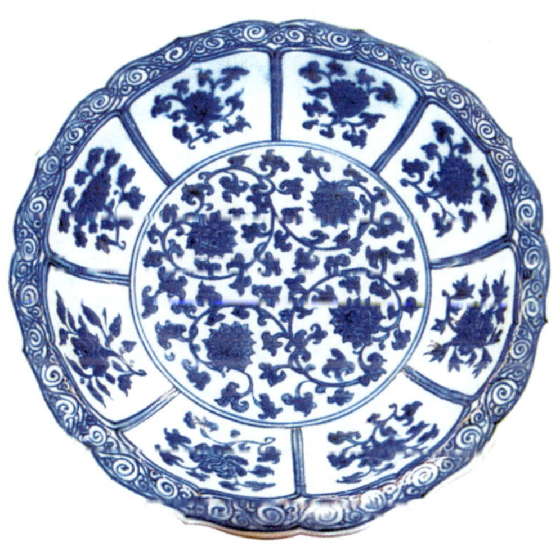

◆ *फूलों की आकृति वाली नीली और सफेद चीनी मिट्टी कला (मिंग राजवंश)*

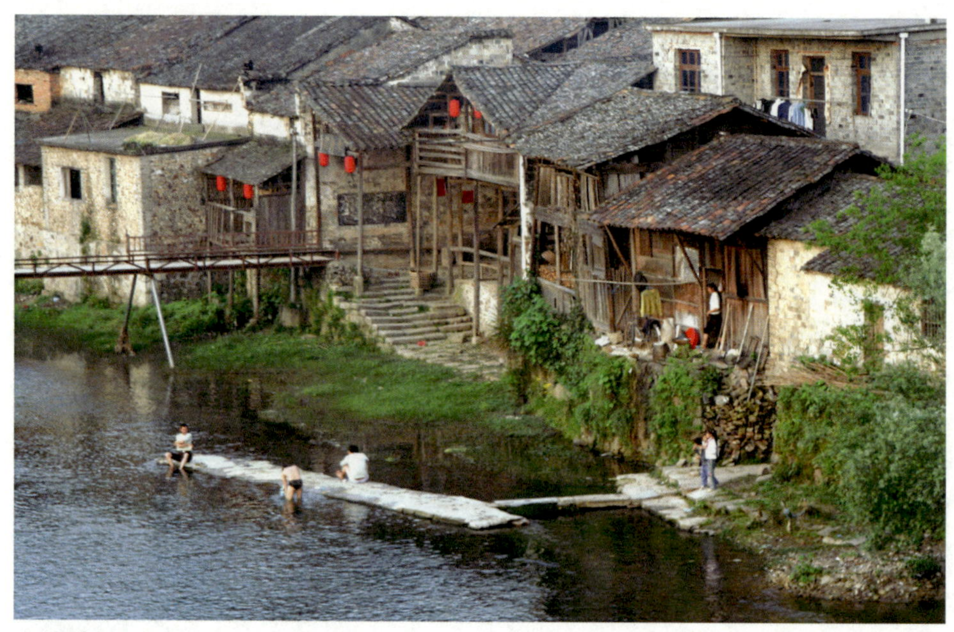

◆ *जिंग्देझेन का दृश्य*

बदलाव होता रहा। उत्तरी सोंग राजवंश में (1004) लिआओ राज्य जो उत्तर में था की रानी सेना लेकर दक्षिण में सोंग की राजधानी पर हमला करने के लिए निकली। सोंग के राजा ने बहुत बड़ी मात्र में सोना चांदी तथा अन्य बहुमूल्य रत्नों के साथ लिआओ के साथ समझौता करने की कोशिश की, लेकिन लिआओ की रानी ने उस प्रस्ताव को ठुकरा दिया और कहा कि तीन महीने के दौरान दो लाख चीनी मिट्टी के बर्तन उनके पास पहुंचाए जाएं। दिन रात काम करने के बाद जिंगजेन से अलग अलग डिजाईन के तीन लाख नीली और सफेद चीनी मिट्टी के बर्तन बनकर आये। अंततः लिआओ की सेना उत्तर की तरफ लौट गई और सोंग राजवंश को उसकी खोई हुई धरती वापस मिल गई। मिंग और चिंग राजवंशों के दौरान जिंगजेन में जिन चीनी मिट्टी के बर्तनों का उत्पादन होता था उनको 'राजकीय चीनी मिट्टी के बर्तन' कहा जाता था। चिंग के महाराजा तोंग्जी के विवाह के मौके पर जिंगजेन में चीनी मिट्टी के सात हजार बर्तन बनाये गए।

पश्चिम की चीनी मिट्टी

चीन में आविष्कार के बाद चीनी मिट्टी चीन की संस्कृति की विशेष पहचान बन गई और चीन तथा बाहरी दुनिया को जोड़ने के लिए इसने सबसे पहले पुल का काम किया। चीन के बाहर के लोग इसकी सुन्दरता से प्रभावित हो गए थे।

सत्रहवीं शताब्दी में पश्चिमी यूरोप के राजपरिवारों के लीग चीन से चीनी मिट्टी के बर्तन ले जाने लगे। देखते देखते जिंगजेन दुनिया में चीनी मिट्टी के उत्पादन का केंद्र बन गया। 1610 में पुर्तगाल के राजवंश के बारे में लिखी गई एक किताब के बारे में यह दावा किया गया है कि चीन की चीनी मिट्टी दुनिया में पाई गई वस्तुओं में सबसे सुंदर थी, सोना तथा चांदी से भी अधिक मूल्यवान। चीन के चीनी मिट्टी के बर्तन यूरोप के गिरिजाघरों, महलों तथा बड़े बड़े मेंशनों में लगाये जाते थे। फ्रांस के लुई 14वें और लुई 15वें तो चीनी मिट्टी को इतना पसंद

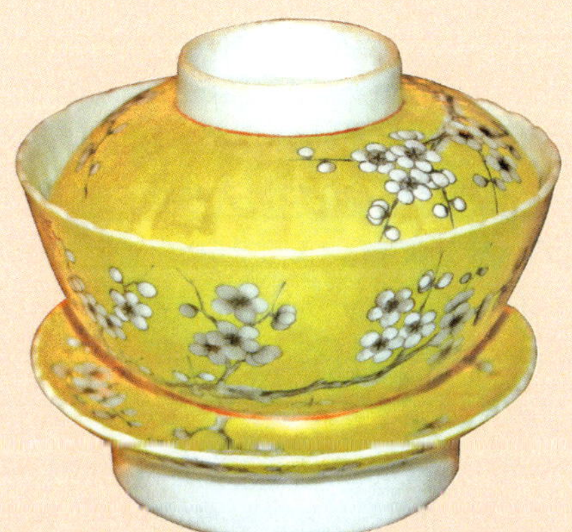

◆ *चीनी मिट्टी का प्याला ढक्कन के साथ, जिसके ऊपर इंक-चित्रकला शैली में पीली पृठभूमि में चित्रकारी (चीन गणराज्य)*

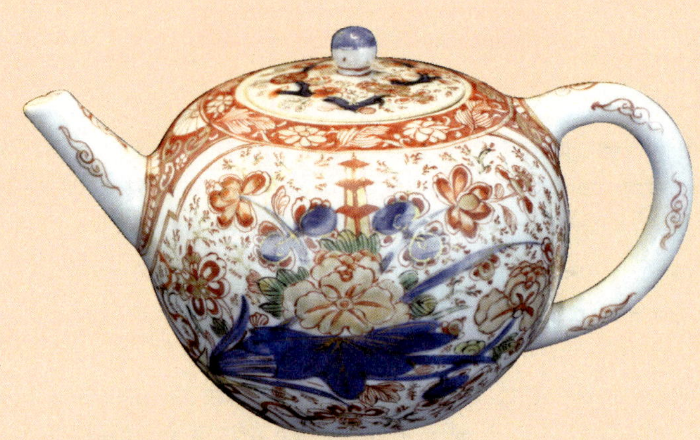

◆ *चीनी मिट्टी की चायदानी, जिसके ऊपर लाल रंग में पगोड़ा छवि अंकित है। (चिंग राजवंश)*

करने लगे कि वकालत करने लगे कि इन बर्तनों को फ्रांस के जीवन का हिस्सा बनाया जाना चाहिए। जब फ्रांस के ऊपर भारी कर्जा चढ़ गया तो तो भी लुई 15 ने चीनी मिट्टी के अपने बर्तनों के संग्रह को बेचने के बजाय सोने और चांदी के बर्तनों को गलाकर उनसे सिक्के बनाना अधिक बेहतर समझा। जब यूरोप के बाज़ार में बड़ी मात्र में चीनी मिट्टी के बर्तन आ गए तो आम लोगों के घरों में भी उनकी लोकप्रियता बढ़ गई। चीनी मिट्टी के बर्तनों में दोपहर की चाय पीने को उच्च स्तर की जीवनशैली का प्रतीक माना जाने लगा। ब्रिटेन की महारानी मेरी 2 भी चीनी मिट्टी के बर्तनों से बेहद आकर्षित थीं और उन्होंने महल में अपने संग्रह को प्रदर्शित करने के लिए शीशे की कई अलमारियों का निर्माण किया। ब्रिटेन के लोगों ने चीन के बने चीनी मिट्टी के बर्तनों को चीन के बर्तन कहना शुरू कर दिया।

नीली और सफेद चीनी मिट्टी बनाने की तकनीक

करीब एक हजार सालों के अन्वेषण और अभ्यास के बाद प्राचीन चीनी मिट्टी बनाने वाले शिल्पकारों ने दुनिया भर में प्रसिद्ध चीनी मिट्टी के बर्तनों की एक व्यवस्थित उत्पादन विधि तैयार कर ली।

इसके निर्माण के बुनियादी कामों में सामग्री का चयन उनका चूरा बनाना, सफाई, आकार देना, चमकीला बनाना और अंततः उन बने हुए बर्तनों को आग में पकाना। इसमें हर चरण पर बहुत सारे जटिल कदम होते हैं और एक भी गलत कदम पड़ने से निम्न स्तर के चीनी मिट्टी के बर्तन का निर्माण होता है। उदाहरण के लिए जब मिट्टी का चूरा अच्छी तरह बना लिया जाता है तब उनको कई बार छाना जाता है जिससे अलग अलग आकार के कणों को अलग किया जा सके और उसके बाद साफ किये गये मिट्टी के टुकड़ों को पानी के साथ मिलकर गूँथ दिया जाता है, फिर पानी मिले उस घोल को चुम्बक से छाना जाता है। साफ किये गये घोल को अच्छी तरह परत बनाने के लिए चमकाया जाता है और उसके बाद उनको मनचाहा आकार दिया जाता है।

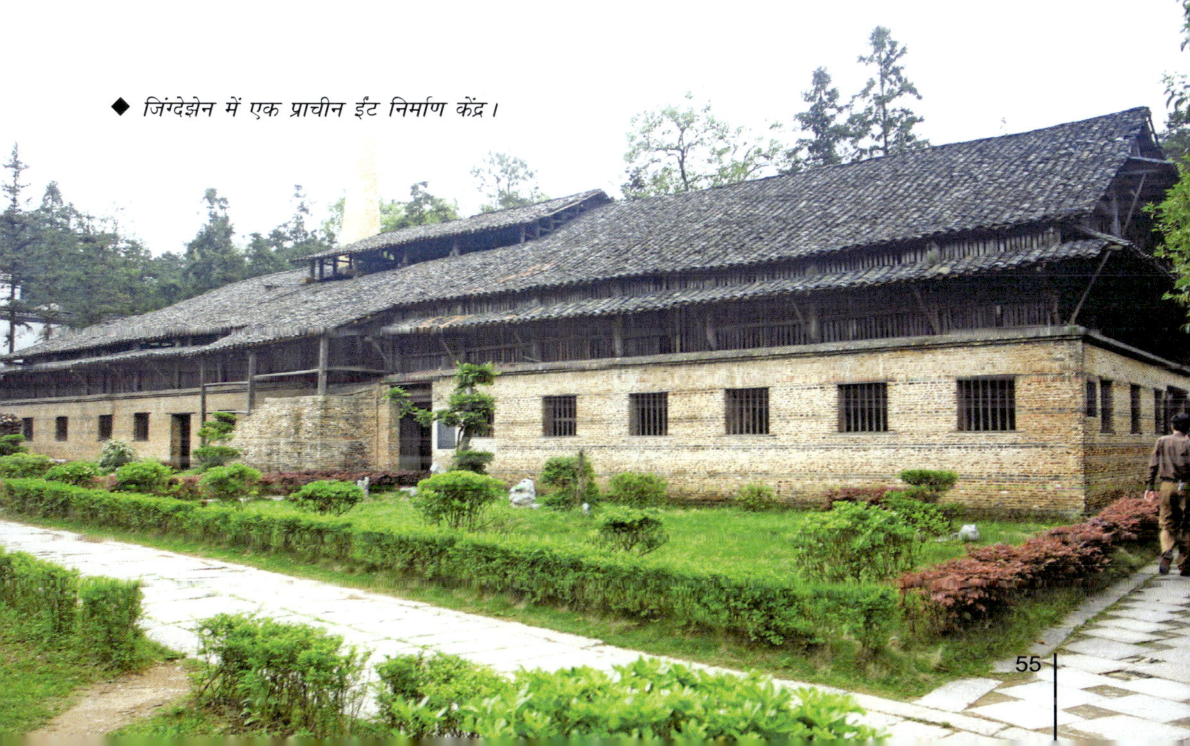

◆ *जिंग्देझेन में एक प्राचीन ईंट निर्माण केंद्र।*

नीली और सफेद चीनी मिट्टी निर्माण की प्रक्रिया का चित्र रूप

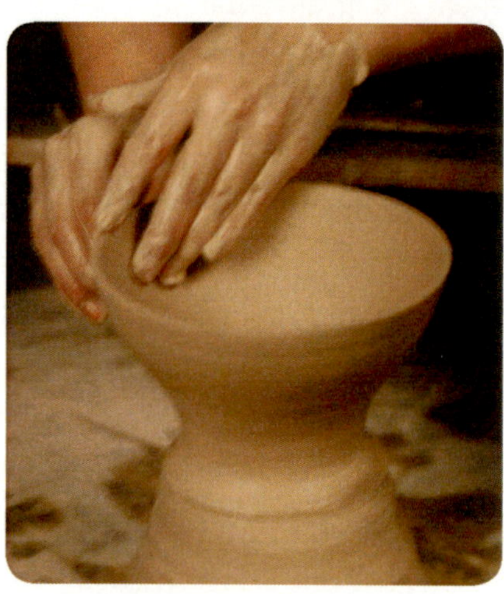

◆ 1. **रूपाकार देना** – पहले चाक पर मिट्टी को हल्का रूप दिया जाता है जिसमें कुम्हार जरूरत के हिसाब से मिट्टी चाक पर रखता है और चाक को घुमाकर उसे मनचाहा आकार देता है।

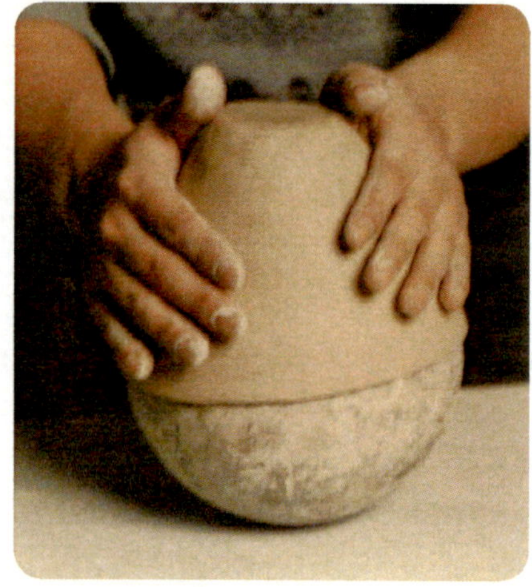

◆ 2. **दबाव डालना** – दबाव के माध्यम से मिट्टी के लोंदे को अच्छी तरह से रूप दिया जाता है। इस चरण में सबसे पहले मिट्टी के लोंदे को लकड़ी की पट्टी पर रखकर नीचे से दबाया जाता है और हाथ से चारों तरफ से बाहर से दबाव डालकर मनचाहा आकार दे दिया जाता है।

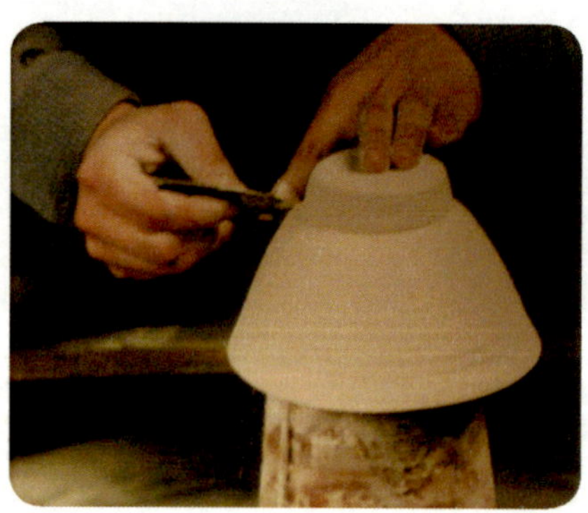

◆ 3. **तराशना** – दबाव डालने के बाद मिट्टी के लोंदे को छाया में सूखने के लिए डाल दिया जाता है और उसके बाद उसको चाकू से अच्छी तरह तराशा जाता है।

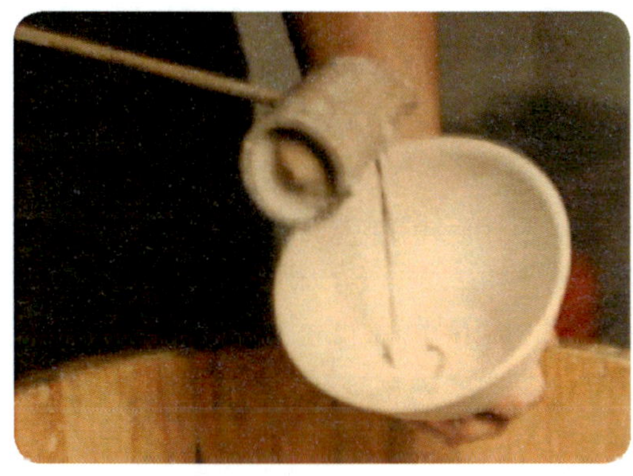

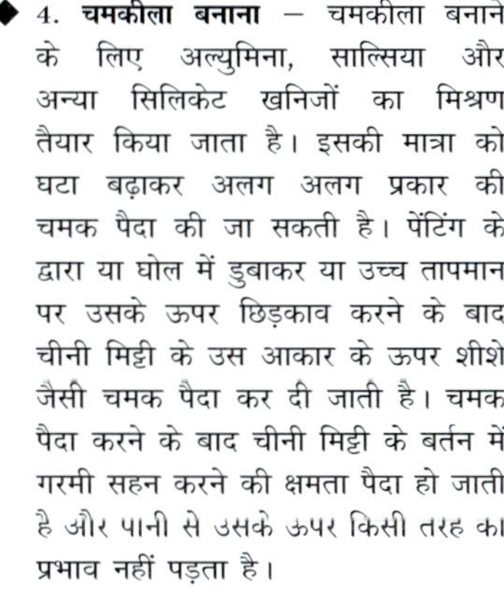

◆ 4. **चमकीला बनाना** – चमकीला बनाने के लिए अल्युमिना, साल्सिया और अन्या सिलिकेट खनिजों का मिश्रण तैयार किया जाता है। इसकी मात्रा को घटा बढ़ाकर अलग अलग प्रकार की चमक पैदा की जा सकती है। पेंटिंग के द्वारा या घोल में डुबाकर या उच्च तापमान पर उसके ऊपर छिड़काव करने के बाद चीनी मिट्टी के उस आकार के ऊपर शीशे जैसी चमक पैदा कर दी जाती है। चमक पैदा करने के बाद चीनी मिट्टी के बर्तन में गरमी सहन करने की क्षमता पैदा हो जाती है और पानी से उसके ऊपर किसी तरह का प्रभाव नहीं पड़ता है।

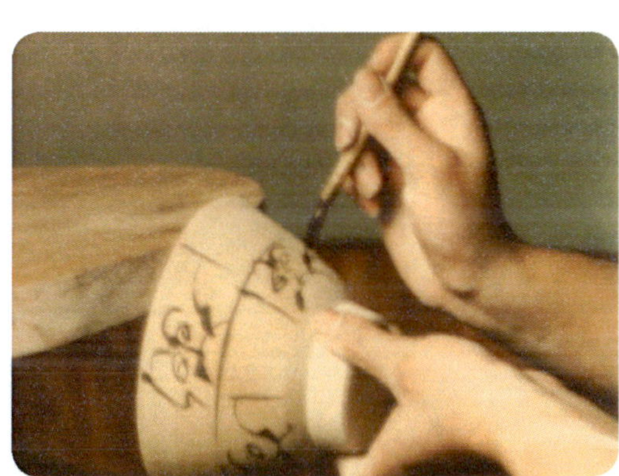

◆ 5. **चित्रित करना** – युआन राजवंश के नीले और सफेद बर्तन आमतौर पर चित्रित होते थे या उनके ऊपर रेखांकन किया जाता था या उनके ऊपर उच्च कोटि की कूची के द्वारा कोबाल्ट के नीलकणों से अलग अलग प्रकार से चित्रांकन किया जाता था।

दैनिक जीवन में चीनी मिट्टी के उपयोग

प्राचीन चीन में चीनी मिट्टी के बर्तन केवल सुंदर कलाकृतियाँ ही नहीं होती थीं बल्कि लोगों के जीवन में उपयोग की जाने वाली सबसे सामान्य बर्तन भी था। चीनी मिट्टी के हजार सालों के इतिहास में अनेक प्रकार की चीनी मिट्टी की शैलियों का विकास हुआ जिनमें अगरबत्ती जलने का स्टैंड, घड़े, इंक स्टोन, तकिये, कटोरे, कप और बोतल शामिल हैं।

आज भी लोगों के दैनिक जीवन में चीनी मिट्टी के स्थान पर और किसी चीज का इस्तेमाल नहीं किया जा सकता। चीन में खाने के अधिकतर बर्तन, वाइन और चाय सेट तथा अन्य प्रकार के बर्तन चीनी मिट्टी से ही बनाये जाते हैं। परंपरागत हस्तकला तकनीक को आधुनिक तकनीक के साथ मिलकर अधिक आधुनिक डिजाईन और आकार दिये जाते

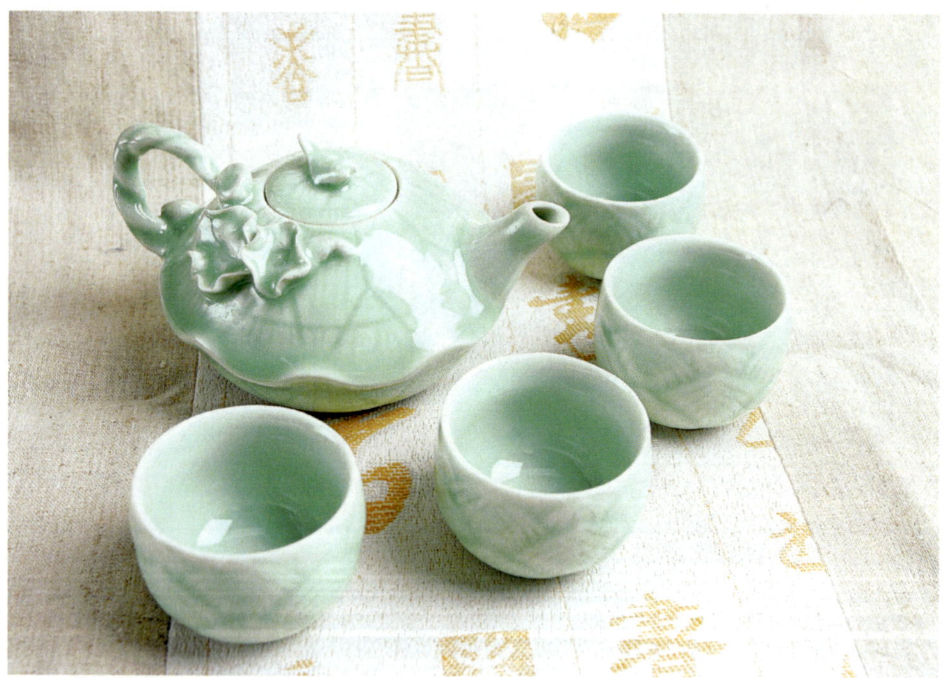

◆ *आधुनिक चीनी मिट्टी का चाय का सेट।*

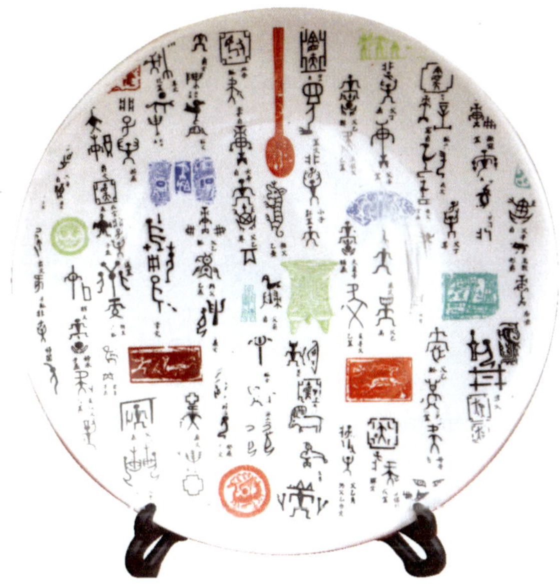

◆ *आधुनिक चीनी मिट्टी सज्जा।*

हैं। इसके निर्माण सामग्री में अकार्बनिक सामग्रियों को मिलाकर चीनी मिट्टी के बर्तनों को अधिक टिकाऊ और सुंदर बनाया जाता है।

चीन के चीनी मिट्टी के डिजाईन को, खासतौर पर नीले और सफेद चीनी मिट्टी के डिजाईन को फैशन, फर्नीचर और गिफ्ट पैक करने के क्षेत्रों में भी प्रयोग में लाया जाने लगा है। आज दुनिया भर के फैशन डिजाईन के क्षेत्र में नीले और सफेद चीनी मिट्टी की शैलियों का प्रयोग किया जाने लगा है। 2005 में ईटली के फैशन डिजाईनर रोबर्तो कवाली ने चीन की नीली चीनी मिट्टी पर बनने वाली फूलों की शैली का प्रयोग अपने फॉल फैशन सीरिज के वस्त्रों के लिए किया था। 2011 में अमेरिका के रोबार्ते ने सिल्क और शिफॉन के अपने वस्त्रों के संग्रह में चीनी मिट्टी की सुंदर शैलियों का उपयोग किया। 2013 में इटली के प्रसिद्ध फैशन ब्रांड वैलेंटीनो ने नीली और सफेद शैलियों की सुन्दरता का प्रयोग अपने फॉल और विंटर संग्रह के लिए किया था।

चमड़ा नक्काशी आकृति — छाया-पुतली कला

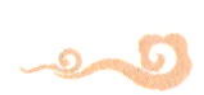

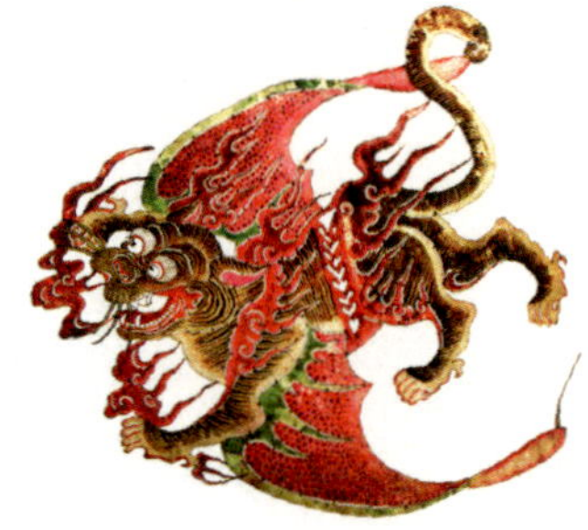

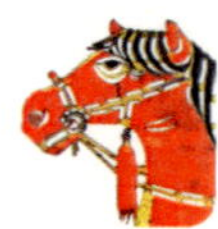
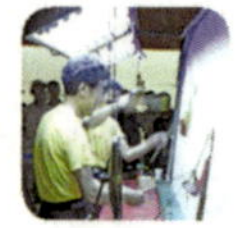
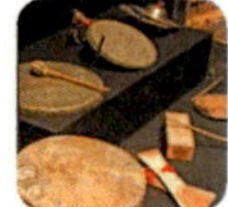
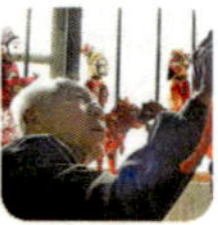

छाया-पुतली कला मनोरंजन का एक प्राचीन रूप है। कुछ लोगों की ऐसी मान्यता है कि यह आज की चलचित्र कला की पूर्व रूप थी।

कई अर्थों में चीनी छाया-पुतली कला चलचित्र के समान ही है। दोनों में परदे पर प्रकाश और छाया का खेल दिखाया जाता है लेकिन छाया नाटक एक प्रकार का जीवंत प्रदर्शन है जिसमें पुतली कलाकार पुतलियों के बीच आपस में बातचीत करवाते हैं, उनसे गाना गवाते हैं या परदे के पीछे से अभिनय करते हुए कहानी सुनाते हैं।

छाया नाटक शायद चीन में रंगमंच कला का पहला रूप था जिसे दुनिया ने जाना।1781 में प्रसिद्ध जर्मन लेखक गोएथे ने अपने जन्मदिन के अवसर पर दिए गए भोज में छाया-पुतली मंडली को बुलाकर अपने मेहमानों को सुखद आश्चर्य से भर दिया था।

चलते फिरते कागज़ के टुकड़े

छाया-पुतली कला को प्रकाशपुतली कला के नाम से भी जाना जाता है। यह चीन में कहानी सुनाने की लोकमनोरंजन शैली है जिसमें पुतली कलाकार चमड़े और कागज़ के टुकड़ों से बनी आकृतियों को रौशनी और पारदर्शी परदे के बीच नियंत्रित करते हुए दिखाते हैं। चीन में इसको सिनेमा का सबसे पुराना रूप भी कहा जाता है।

छाया पुतलियां हिलती डुलती कागज़ की आकृतियों की तरह लगती हैं। वे किस चीज से बनी होती हैं? वे आमतौर पर भेड़, गाय, बैल या गधे की चमड़ी से बनायीं जाती हैं।

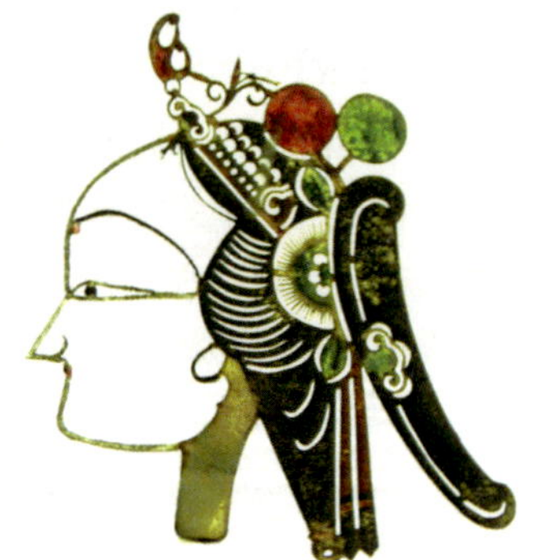

◆ *छाया-पुतली का सिर*

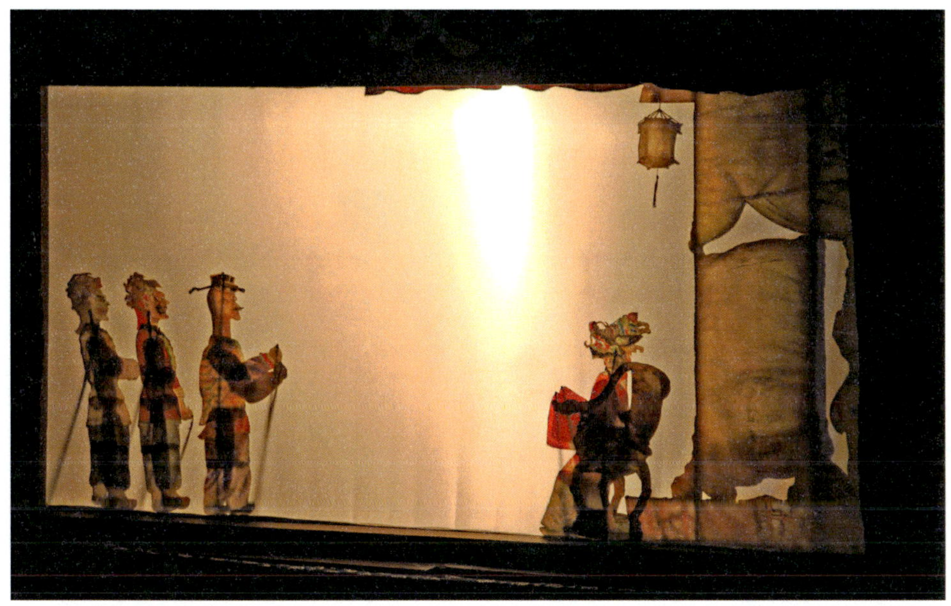

◆ *छाया-पुतली प्रदर्शन*

उनको पानी में डुबाया जाता है, अच्छी तरह धुलाई की जाती है, फिर उनको खींचकर तबतक सुखाया जाता है जबतक कि वे पारदर्शी नहीं बन जाते। उसके बाद नरम चमड़ी पुतली बनाने के लिए तैयार हो जाती है। प्रत्येक पुतली के सिर, छाती, कमर, हाथ और पैर को अलग अलग बनाया जाता है ताकि पुतली के अलग-अलग अंगों को अलग-अलग समय में हिलाया जा सके।करीब तीन हजार टुकड़ों से एक पुतला तैयार होता है। पुतले को रूप देने के लिए उसके ऊपर रंग का प्रयोग किया जाता है। पुतले की गति पर पूरी तरह से नियंत्रण स्थापित करने के लिए उसको सहारा देने के लिए एक डंडा लगा दिया जाता है।

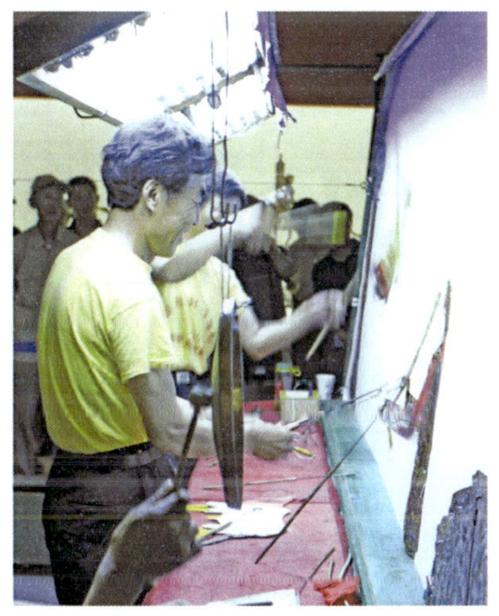

◆ *छाया पुतली नाटक मंच के पीछे*

छाया-पुतली के विविध रूप

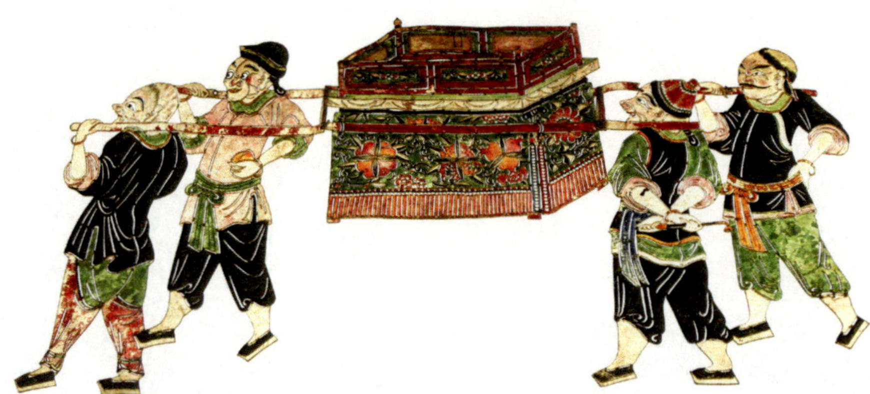

◆ *एक लोक विविध प्रदर्शन मंडली*

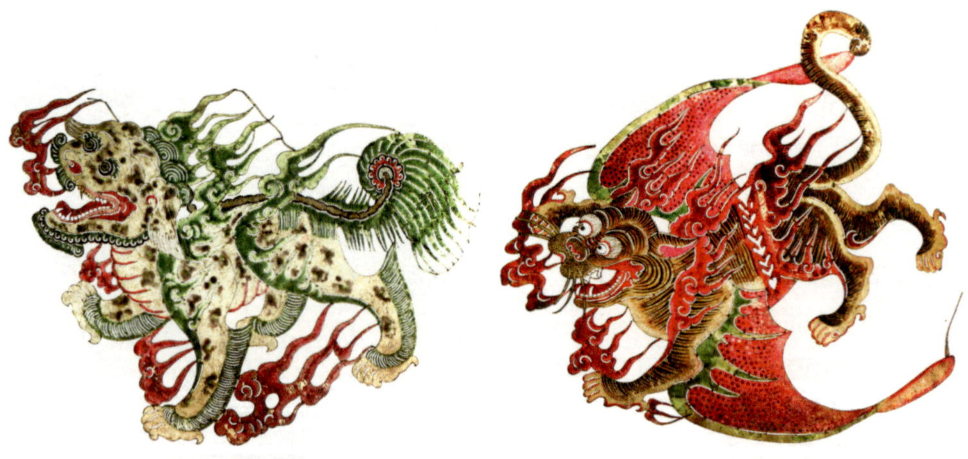

◆ *जिन्न छाया-पुतलियां*

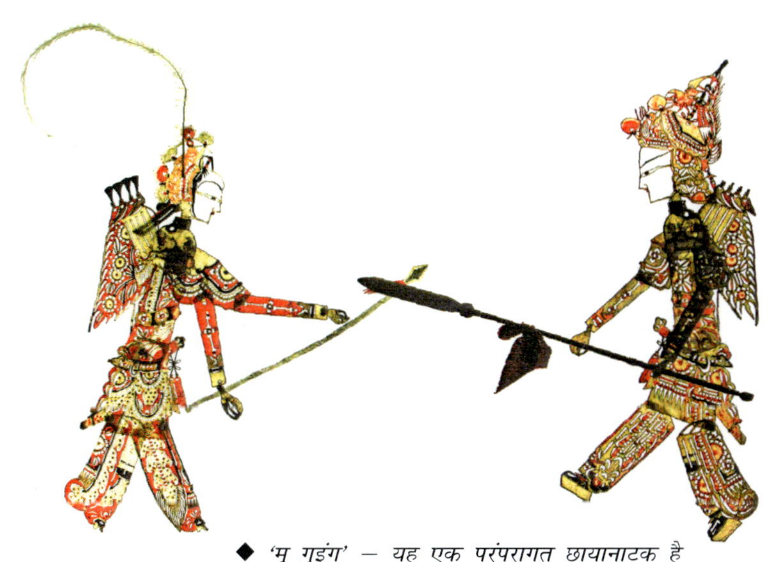

◆ 'मू गुइंग' — यह एक परंपरागत छायानाटक है जो सोंग राजवंश के सेनापतियों के यांग परिवार के ऊपर आधारित है।

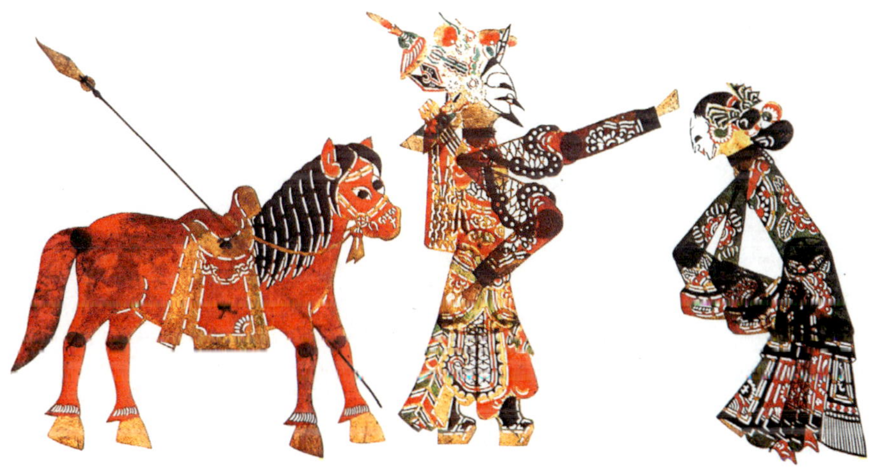

◆ 'पू परिपार गाँप' — यह एफ पारंपरिफ छाया नाटफ है जो तांग राजवंश के एक सेनापति के ऊपर आधारित है जिसका अपनी पत्नी के साथ पुनर्मिलन हो गया।

विविध भूमिकाओं वाले पुतली कलाकार

चीन के गाँव में छाया-पुतली के प्रदर्शन को प्यार से पाँच व्यस्त लोगों का प्रदर्शन कहा जाता है, जिसका अर्थ है कि सम्पूर्ण प्रदर्शन केवल पाँच व्यस्त पुतली कलाकारों द्वारा संपन्न होता है। जो प्रमुख पुतली कलाकार होता है वह पुतली की गति के ऊपर नियंत्रण रखता है और जो अन्य चार लोग होते हैं वे सोलह वाद्य यंत्रों को बजाने का काम करते हैं। प्रत्येक पुतली कलाकार विविध प्रकार के कौशलों से संपन्न होता है ताकि वह पूरे प्रदर्शन को संचालित कर सके। इनके बारे में कहा जाता है कि इनके पास एक मुँह होता है जो हजार सालों की कहानियाँ सुना सकता है तथा दो हाथ होते हैं जो लाखों सिपाहियों को काबू में रख सकते हैं। छाया जीवंत दिखाई देने लगे यह इस बात के ऊपर निर्भर करता है कि जो मुख्य पुतली कलाकार होता है वह पुतलियों की गति के ऊपर कितनी कुशलता के साथ नियंत्रण रख सकता है। प्रदर्शन की कहानी के अनुसार उसे हर पुतली को संचालित करने की कला में सहज रूप से माहिर होना चाहिए।

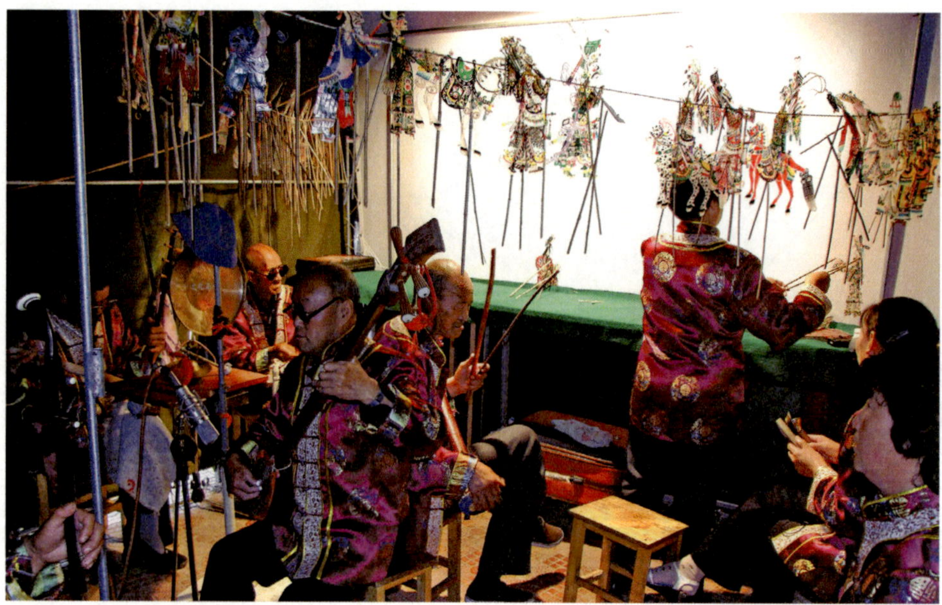

◆ *एक छाया नाटक के मंच के पीछे*

समकालीन छाया-पुतली कला

प्राचीन काल में छाया नाटक चीन के ग्रामीण इलाकों में उसी प्रकार से बेहद लोकप्रिय थे जिस प्रकार से आज सिनेमा और टेलीविजन कार्यक्रम हैं। एक हजार से भी अधिक सालों तक मनोरंजन के मुख्य प्रकार के रूप में छाया नाटक गांवो में अँधेरे में बच्चों बूढों सभी के लिए छाया और प्रकाश का जादू रच देते थे। छाया नाटकों को खुशी की छायाएं कहा जाता है और इनका प्रदर्शन छुट्टियों, शादी विवाह, अच्छी फसल के उत्सव, जन्मदिन पार्टी तथा नए पेशे की शुरुआत के मौके पर जरूर किया जाता है। कई बार इनके प्रदर्शन तीन दिनों तक चलते थे। अधिकतर नाटक बुराई से लड़ने वाले नायकों के बारे में हैं।

आज नाटकघरों में छाया नाटक देखने बहुत कम लोग जाते हैं क्योंकि सिनेमा, टेलीविजन और ऑनलाइन मीडिया प्रभावी हो गया है। चीन के छाया-पुतली कलाकार इस परंपरागत कला रूप को पुनर्जीवित करने के लिए नए नए रस्ते तलाशने में लगे हुए हैं। 1960 के दशक में छाया नाटकों और चीनी कागज़ी कतरन कला का उपयोग करते हुए कई एनिमेटेड फिल्मों का निर्माण किया गया और बच्चों ने इन्हें बहुत पसंद भी किया। 2006 में चीनी नववर्ष के आयोजन के अवसर पर चीन के केंद्रीय टेलीविजन ने बारह वरिठ एवं चौबीस बच्चों के सहयोग से 'सुंदर बूढ़ी औरतें' शीर्षक छाया नाटक का प्रदर्शन किया, जिसका टीवी प्रसारण बहुत लोकप्रिय हुआ। रूपंकर कला के रूप में छाया नाटकों में नवजीवन दिखाई देने लगा।

◆ *छाया नृत्य, सुंदर बूढ़ी औरतें*

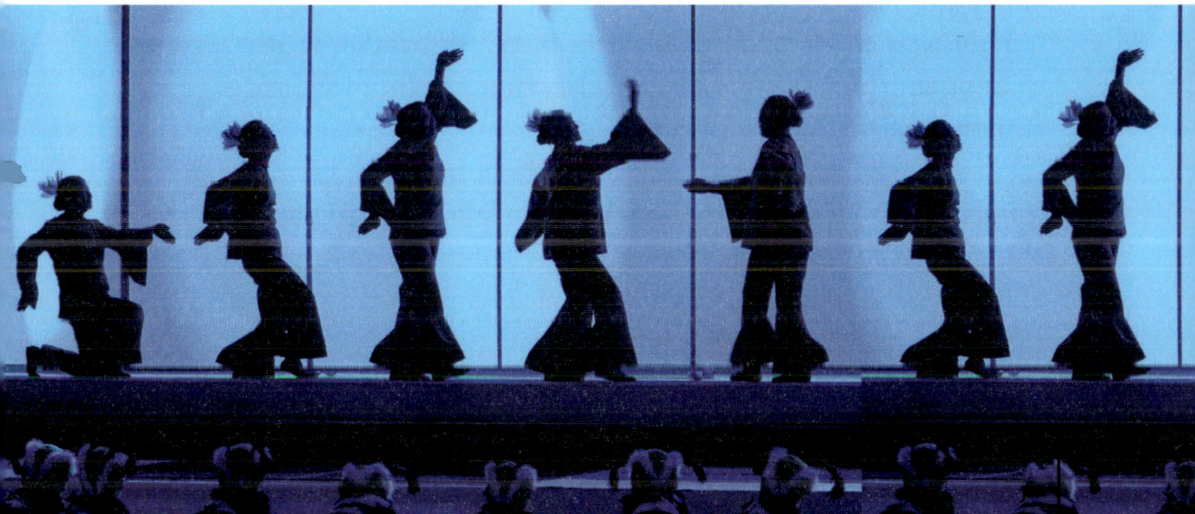

पुतली कला

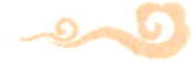

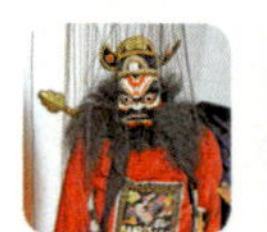
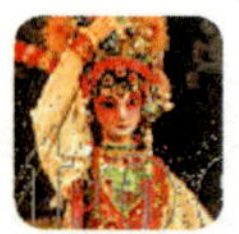
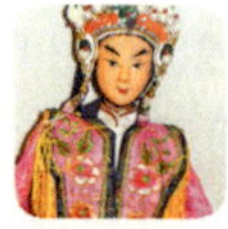
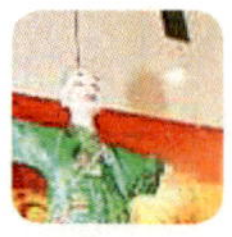

पुतलियाँ पशुओं के खिलौना रूप होते हैं जिनको लकड़ी या कपड़े से बनाया जाता है। उनके माध्यम से पुतली कलाकार सभी प्रकार के प्रदर्शन करते हैं।पुतली प्रदर्शन दुनिया भर में बेहद लोकप्रिय हैं और मनोरंजन के प्रकार के रूप में बच्चे इनको बेहद पसंद करते हैं। चीन में अलग अलग प्रकार की पुतलियाँ हैं जिनमें धागे वाली, लकड़ी के डंडे वाली, तार वाली और हाथ से चलाई जाने वाली।

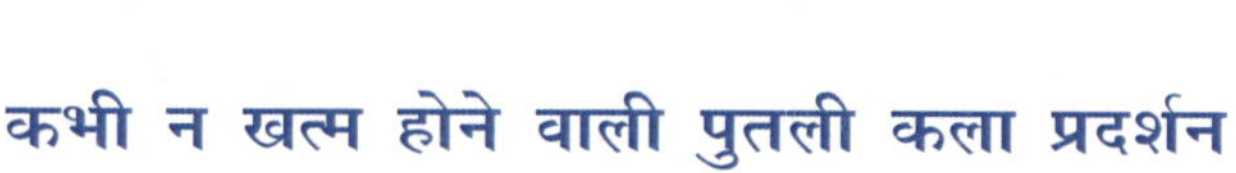

कभी न खत्म होने वाली पुतली कला प्रदर्शन

चीन में पुतली कला का जन्म करीब हान राजवंश के दौर में हुआ। सोंग राजवंश द्वारा पुतली कला के लिए विशेष रूप से बनाये गए रंगशालाओं में पुतली कला के कुछ प्रमुख कलाकारों ने प्रदर्शन करना आरम्भ किया। युआन राजवंश के बाद बेहद लोकप्रिय हो चुकी पुतली कला की अलग अलग क्षेत्रों में अलग अलग शैलियाँ विकसित हुईं और इनको अलग अलग प्रकार के पुतली कलाकारों ने विकसित किया।

हाल के दशकों में चीनी पुतली कला एक लोककला से अधिक विशिष्ट कला के रूप में विकसित हो चुकी है जिनमें नई नई कहानियों, प्रदर्शन शैलियों तथा आधुनिक तकनीकों द्वारा बनाई गई नई आकृतियों को शामिल किया जा चुका है। चीन की पुतली मंडलियों को प्रदर्शन के लिए विदेश भी भेजा जाता है तथा दूसरे देशों के पुतली कलाकारों के साथ सांस्कृतिक आदान प्रदान के कार्यक्रमों में भी वे हिस्सा लेते हैं।

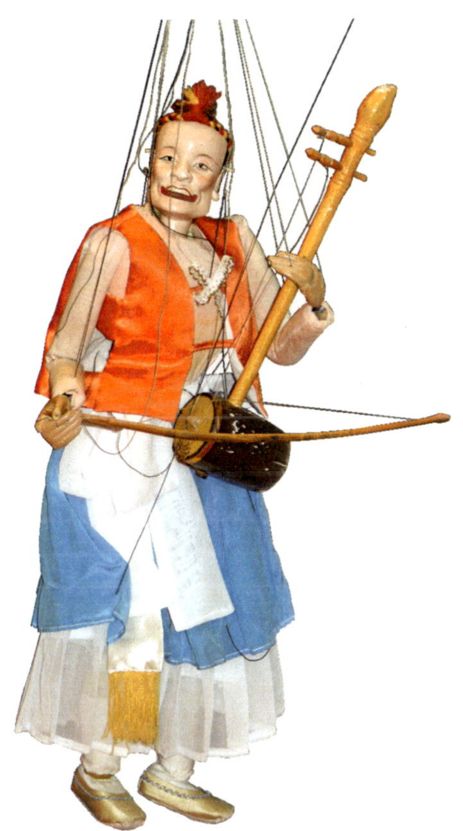

◆ **धागा-पुतली** – पुतली के सिर, पीठ, कमर, बाँहों और तलवों में लगे धागों से पुतली की हर गतिविधि को नियंत्रित किया जाता है। सभी प्रकार की पुतलियों में यह सबसे लचीली होती है।

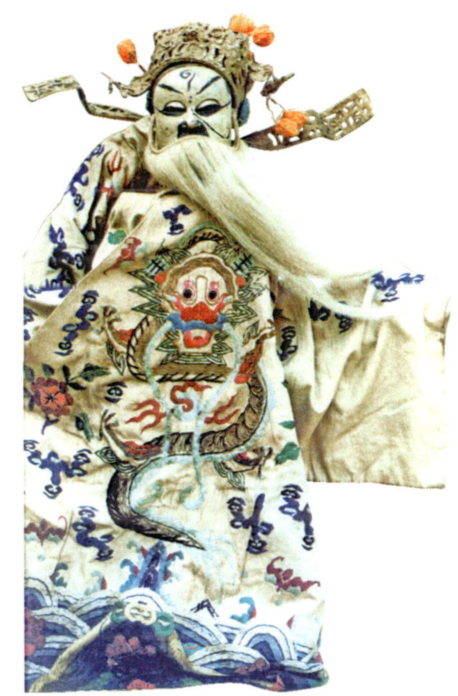

◆ **छड़ पुतली** – लकड़ी की तीन छड़ों से किसी पुतली को नियंत्रित किया जाता है। दो छड़ें हाथ को और एक शरीर तथा सिर को सहारा देती हैं। इन्हीं छड़ों के माध्यम से पुतली कलाकार पुतलियों की गति और उनके हावभाव को नियंत्रित करते हैं। चूंकि पुतली कलाकार को पुतली को सिर से उठाकर प्रदर्शन करना होता है, इसलिए इसको 'ऊपर टंगी पुतली' भी कहते हैं।

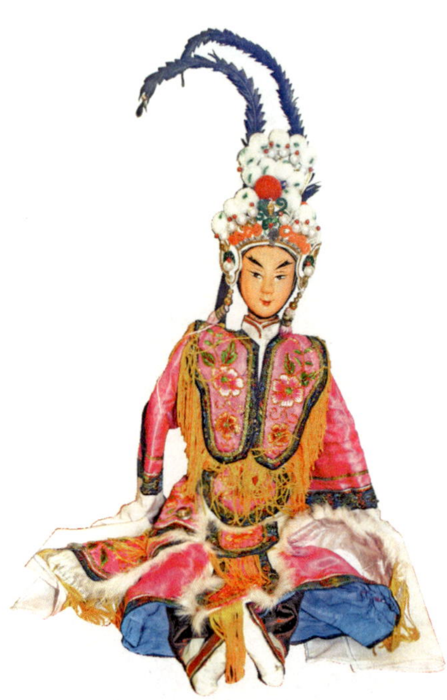

◆ **तार पुतली** – इस प्रकार की पुतली आकार में छोटी होती है, करीब 20-40 सेंटीमीटर। पुतली के हाथों और शरीर की गति को तार द्वारा नियंत्रित किया जाता है। आम तौर पर पुतली को पारदर्शी बक्से में रखा जाता है ताकि लोग उसे चारों तरफ से देख सकें – किस तरह पुतली सिर घुमाती है, भागती है, प्लेट नचाती है, मोमबत्ती जलाती है, मदिरा ढालती है और पंखा झलती है।

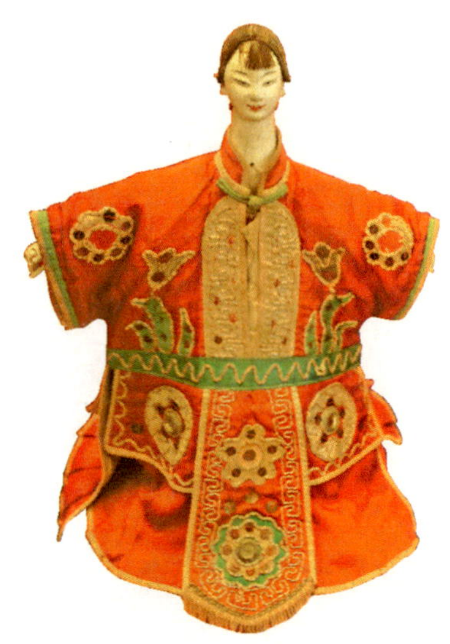

◆ **हस्त पुतली** – हस्त पुतली को चीन में झोला पुतली भी कहा जाता है। यह नाम इसलिए क्योंकि पुतली के वस्त्र झोले के समान होते हैं। पुतली को एक हाथ से चलाया जाता है जो उसके वस्त्र के भीतर होता है। उंगलियों से पुतली के सिर को नियंत्रित किया जाता है। हस्त पुतली के कलाकार बहुत कठिन करतब दिखाते हैं, जैसे सिर पर घड़े का संतुलन, कई तश्तरियों को नचाना, तीरंदाजी, आग के गोले छोड़ना और सिंह नृत्य। पुतली जीवंत मुखाकृति को भी प्रदर्शित कर सकती है।

1940 के दशक के आखिरी वर्षों में चीनी पुतली कला फिल्म 'एक राजा का सपना' प्रदर्शित हुई, उसके बाद 'जादुई कलम' और 'होशियार बकरा' आई। 1958 में ताईवान में पहली हस्तपुतली फिल्म बनायी गई 'पश्चिम की यात्रा'। इन नये प्रकार के निर्माणों द्वारा पुतली कला के विषयों का विस्तार हुआ और उनमें बाल साहित्य, सैनिक जीवन तथा मिथक कथाओं का समावेश किया गया, जिसने परंपरागत पुतली कला की अभिव्यक्ति पक्ष को विस्तार दिया।

चीनी पुतलियों का निर्माण

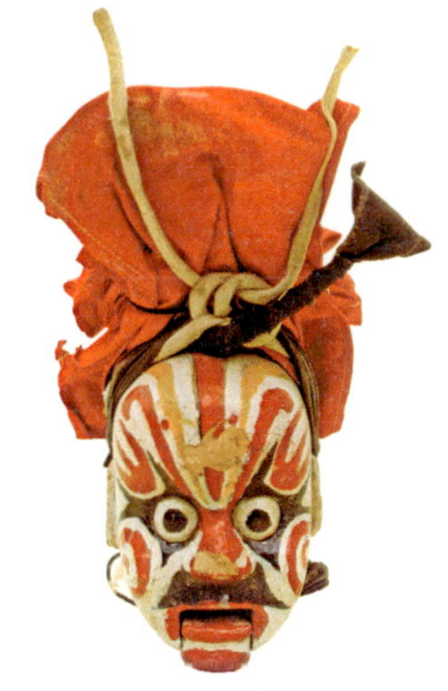

◆ जेंजोऊ पुतली प्रदर्शन। शांक्सी प्रांत के स्थानीय बाज़ार, शिओयी की छड़ पुतली

विशिष्ट रूप से बनाई गई चीनी पुतलियाँ केवल पारंपरिक रंगमंच की सामग्री के रूप में ही इस्तेमाल नहीं की जाती थी बल्कि उनको बेहद सुंदर हस्तकला के रूप में भी देखा जाता था। इनमे से अधिकतर पुतलियों का निर्माण स्थानीय नाटकों के पात्रों के आधार पर किया जाता था जिसके कारण ये पुतलियाँ आमतौर पर उन छवियों को बढ़ा चढ़ाकर रंगीन रूप में पेश करते थे। पुतलियों के हजारों आकर तथा प्रकार हैं। पुतली बनाने की बुनियादी विधियां एक जैसी ही होती हैं, आमतौर पर उसके छरू चरण होते हैं। सबसे पहले सिर फिर टोप, वस्त्र, शरीर, जूते और उनको चलाने वाले साधन। सबसे महत्वपूर्ण होता है सिर जिसके माध्यम से किसी चरित्र के विशेष रूप और उसके व्यक्तित्व को प्रस्तुत किया जाता है। आमतौर पर इसको लकड़ी के सख्त टुकड़ों से बनाया जाता है। किसी पुतली के सिर को चार चरणों में बनाया जाता है – उनको रूप देना, संचालन की विधि उसमे शामिल करना, उनको चित्रित करना तथा उनको पॉलिश करना। कुछ पुतलियों के सिर मिट्टी से बनये जाते हैं क्योंकि वे जल्दी बन जाते हैं और उनमे कम खर्च आता है। उत्तर पश्चिम क्षेत्रों में यह विधि बेहद लोकप्रिय है।

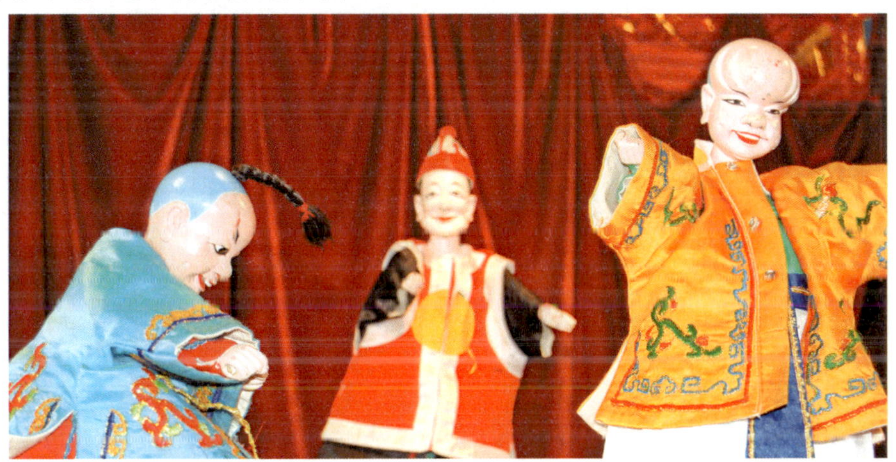

◆ जेंझोऊ पुतली प्रदर्शन।

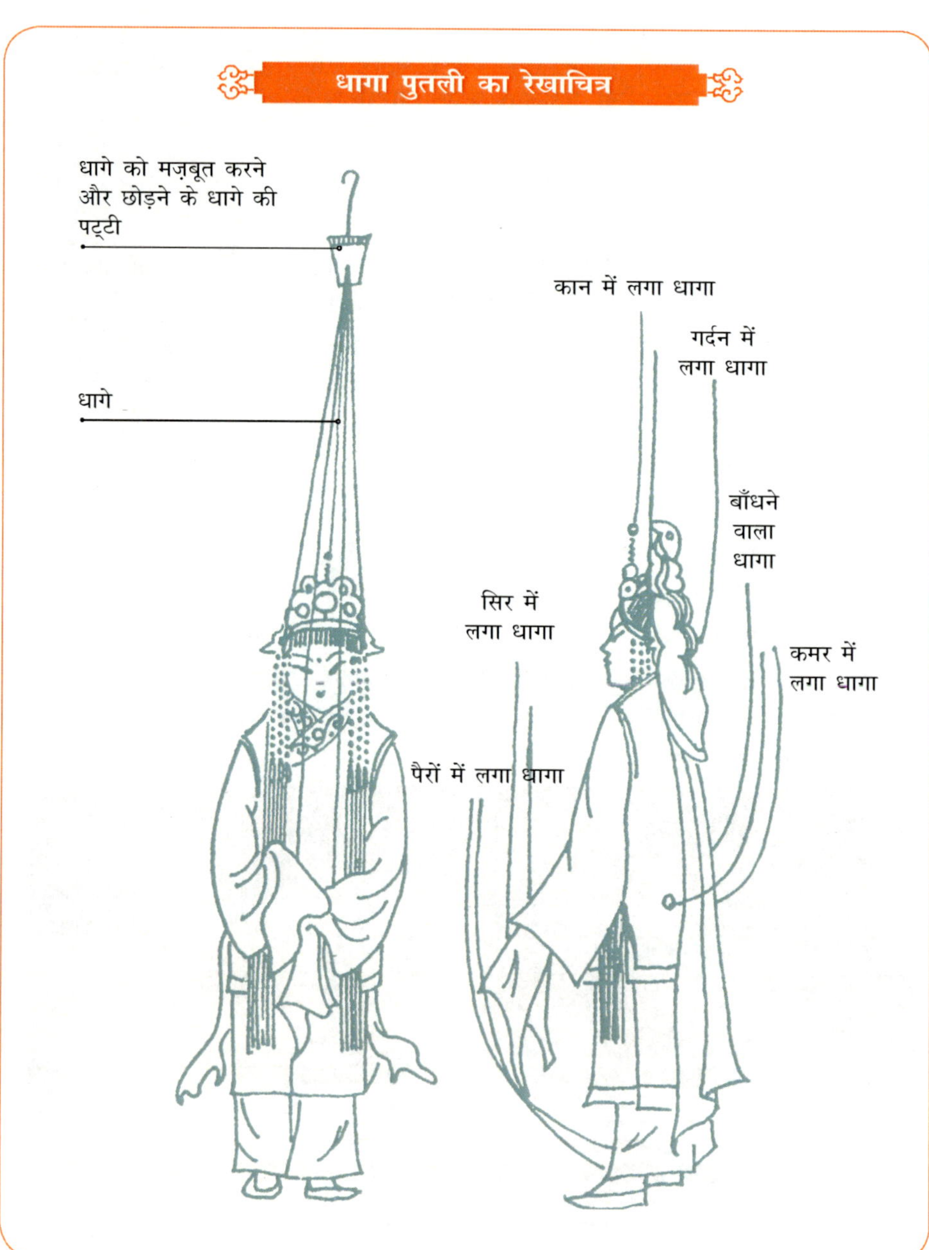
धागा पुतली का रेखाचित्र
धागे को मज़बूत करने
और छोड़ने के धागे की
पट्टी
धागे
कान में लगा धागा
गर्दन में
लगा धागा
बाँधने
वाला
धागा
सिर में
लगा धागा
कमर में
लगा धागा
पैरों में लगा धागा

पुतली कला प्रदर्शन की परंपरा

प्राचीन चीन में लोग आदिम कृाि जीवन जीते थे और अधिकतर समय खेती बाड़ी में बिताते थे। जब खेती का मौसम नहीं होता था तब पुतली कला प्रदर्शन उनके मनोरंजन का जीवंत और आमोद भरा साधन होता था। छुट्टियों में तथा शादी-ब्याह, जन्मदिन के अवसरों पर भी इनका प्रदर्शन उत्सव में चार चाँद लगा देता था। फुजियान प्रांत के पुतियान, नानन और यांग्चुं आज भी शादी के मौके पर पुतली प्रदर्शन की परम्परा है। आम तौर पर पुतली प्रदर्शन शादी से पहले आधी रात को शुरू हो जाता है जब प्रमुख पुतली कलाकार गाकर नवविवाहित को आशीर्वाद देना शुरू करता है। फुजियान के उत्तर पूर्वी हिस्से में जब हर के किसी बुजुर्ग के जन्मदिन का उत्सव मनाया जाता है तो पुतली कलाकारों को उनकी लम्बी उम्र की प्रार्थना के लिए बुलाया जाता है।

उसके बाद सभी लोग जन्मदिन के उस मौके पर आयोजित पुतली का प्रदर्शन देखते हैं। फुजियान के दक्षिणी हिस्से में नए घर या नए पुल के बनाए जाने से पहले उसकी सुरक्षा की कामना के लिए पुतली का खेल आयोजित किया जाता है।

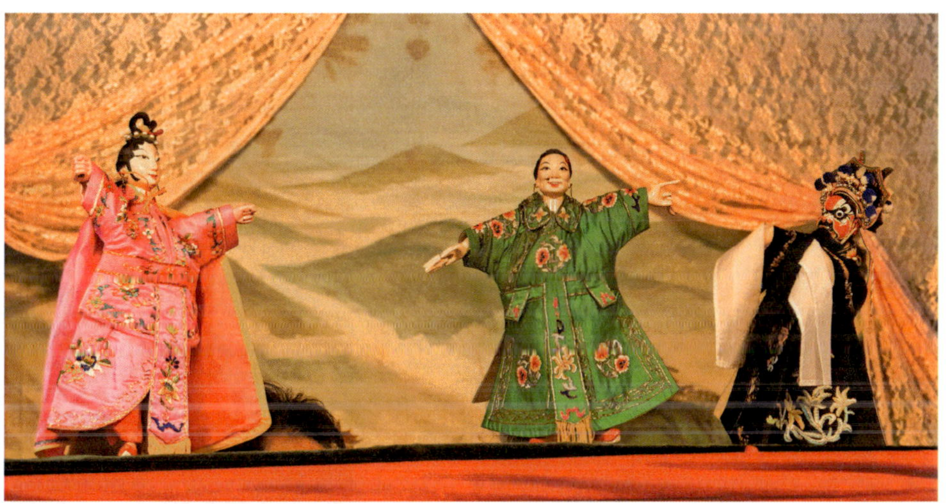

◆ *फुजियान प्रांत के दक्षिण का एक पुतली प्रदर्शन*

यिसिंग मिट्टी का चायदानी

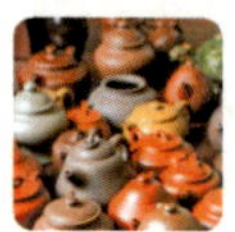
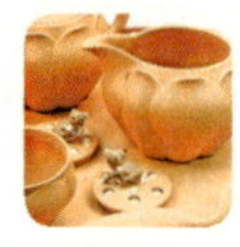
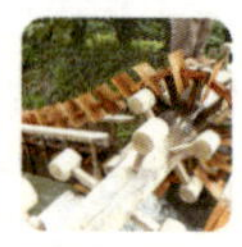
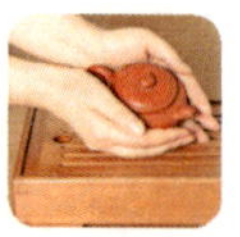
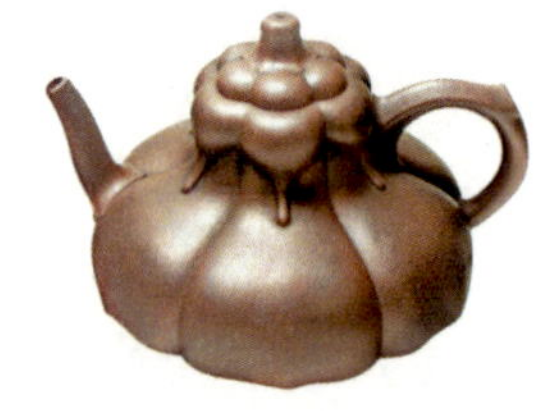

चीन में सभी चाय के बारे में जानते हैं और सभी चाय प्रेमी यिसिंग चायदानी के बारे में जानते हैं, जिसको बैंगनी रंग का मिट्टी का चायदानी भी कहते हैं।

बैंगनी मिट्टी का चायदानी और चाय

बैंगनी मिट्टी का चायदानी क्या है?

यह एक तरह का टी सेट है, कलाकृति और चीन की संस्कृति का हिस्सा है।

बैंगनी चायदानी का आगमन करीब 800 साल पहले हुआ और जल्दी वह सभी प्रकार की चायदानी में सबसे अच्छा बन गया। मिंग राजवंश के बाद वह चीन के विद्वत समाज का सबसे पसंदीदा चायदानी बन गया। चिंग राजवंश के राजा कियानलाँग चाय के बेहद शौकीन थे और अपने साथ यात्राओं पर बैंगनी रंग के बहुत सारे चायदानी लेकर चलते थे। उनके शासन काल से यिसिंग के बैंगनी रंग की चायदानी नजराने के रूप में राजदरबार में भेजे जाने लगे।

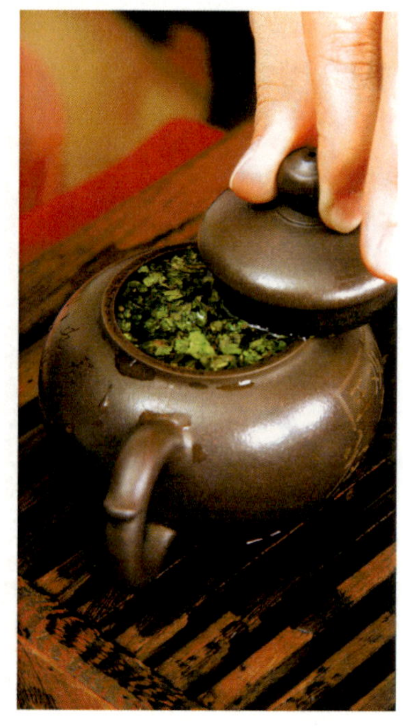

बैंगनी मिट्टी का चायदानी चिंग राजवंश के अंतिम दिनों में पश्चिमी यूरोप में गया क्योंकि बड़े पैमाने पर चाय का निर्यात होने लगा। देखते देखते यूरोप के लोगों की इसमें गहरी रूचि जाग्रत हो गई। धीरे धीरे बैंगनी चीनी चायदानी की बिक्री बड़ी मात्रा

में पश्चिमी यूरोप, जापान, मेक्सिको और दक्षिण अमेरिका के अन्य देशों में होने लगी।दूसरे देशों के बहुत सारे शिल्पियों ने चीन के मिट्टी की चायदानी को बनाने की कोशिश की लेकिन वे सफल नहीं हो पाए, कारण यह था कि इस तरह की चायदानी के लिए मिट्टी सिर्फ चीन के यिसिंग से आती थी।

यिसिंग की मिट्टी

जियांग्सु प्रांत के दक्षिण में अवस्थित यिसिंग एक छोटा सा कस्बा है लेकिन यह 2000 साल से ऐतिहासिक नगरी के रूप में जाना जाता रहा है और यहाँ मिट्टी के बर्तन बनाने का इतिहास 7 हजार साल पुराना है। इसको मिट्टी के बर्तन बनाने की हजार साल पुरानी राजधानी के रूप में जाना जाता है और यहाँ के लोग इस इलाके में पाई जाने वाली खास तरह की मिट्टी में जीते हैं। यह मिट्टी करीब 200-400 मिलियन वर्ष पहले बनी थी, जिसको बैंगनी रंग की मिट्टी कहा जाता है और यह सभी मिट्टियों में सबसे अच्छी मानी जाती है।इसका रंग बेहद गहरा होता है और सतह बहुत मुलायम और जब इसको आग में पका लिया जाता है तो इसमें नमनीयता और सख्ती का गजब का संतुलन भी होता है। यहाँ बनाए जाने वाले चायदानी को यहाँ की बैंगनी मिट्टी के आधार पर नाम दिया गया है।

बैंगनी चायदानी को इस कारण बेहद खास माना जाता है क्योंकि यह चाय के स्वाद, खुशबू और उसकी रंगत को बढ़ा देता है। इस मिट्टी की प्रकृति छिद्र वाली होती है जिसे यह चायदानी चाय के सत्व को अपने में ले लेता है। अगर इस चायदानी में एक प्रकार की चाय को ही लम्बे समय तक पिया जाए तो बिना चाय पट्टी के गर्म पानी डालने पर भी इससे चाय की खुशबू आती है।

◆ *यिसिंग का एक कुम्हार नदी से शुद्ध बैंगनी मिट्टी धोता हुआ और निकालता हुआ।*

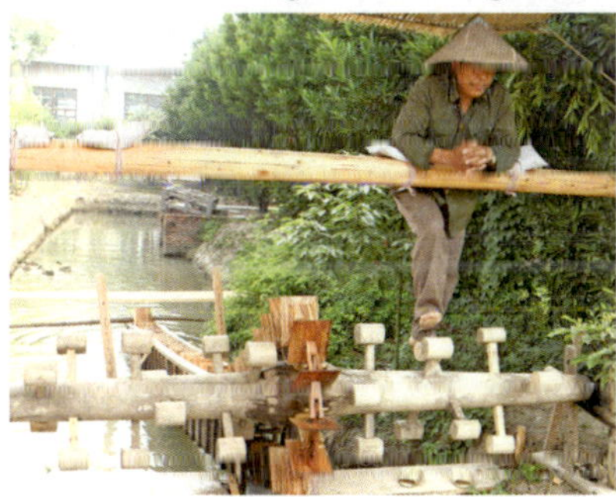

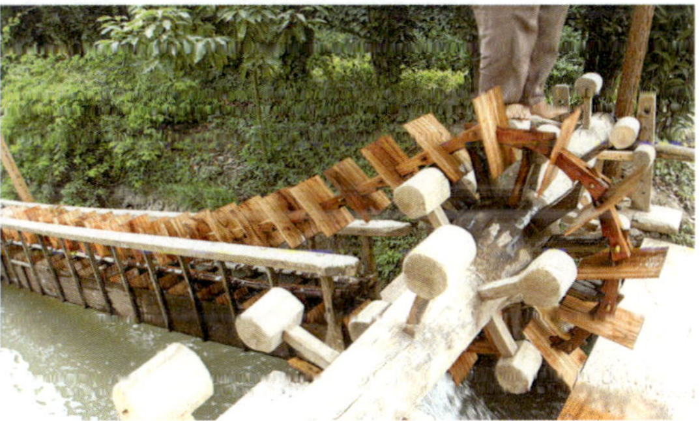

मिट्टी की चायदानी के साथ हाथ की चिकित्सा

ऐसा माना जाता है कि जब चाय को मिट्टी की चायदानी में खौलाया जाता है तो तापमान 50 से 80 डिग्री तक पहुँच जाता है जो हाथों में खून के बहाव के लिए आदर्श होता है। इसके अलावा, चायदानी के सतह पर हाथ फिराने से भी हाथ की अच्छी चिकित्सा हो जाती है।

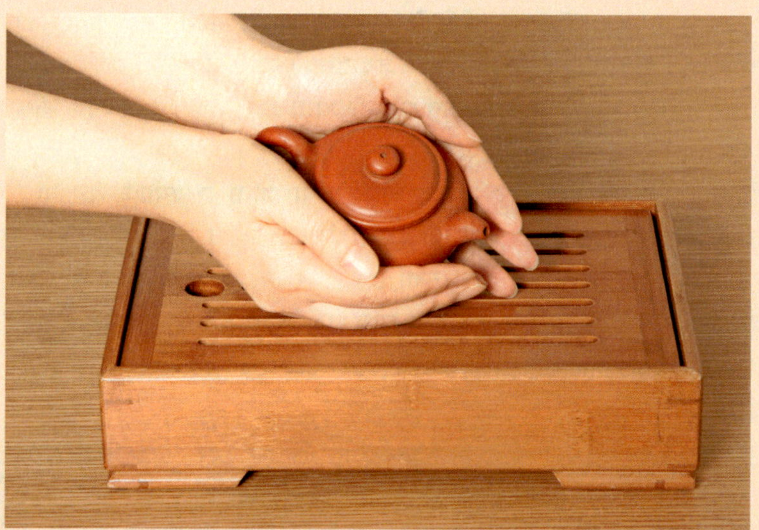

◆ *बैंगनी मिट्टी की चायदानी से हस्त चिकित्सा।*

बैंगनी रंग की चायदानी का निर्माण

बैंगनी रंग के प्रत्येक चायदानी के निर्माण में दर्जनों अत्यंत जटिल प्रक्रियाएं हैं जिसको बहुत सारे उपकरणों और तकनीकों से गुजरना होता है। आमतौर पर गीली मिट्टी को पहले बहुत अच्छी तरह से कूटकर एक जैसा बना लिया जाता है, जिसे चायदानी के अलग अलग हिस्सों में ढाला जाता है। इन हिस्सों को एक साथ मिलाकर पॉलिश करने के बाद चायदानी का शरीर बनाया जाता है, जिनको भट्टी में पकाया जाता है।

प्राचीन काल में, मिट्टी की चायदानी को ईंट की भट्टी में पकाया जाता था जिनको 'ड्रैगन भट्टा' कहा जाता था, जिसका निर्माण पहाड़ी ढलान पर किया जाता था। 30-70 मीटर लम्बी यह सुरंग देखने में ड्रैगन की तरह लगती थी। इसलिए इनको ड्रैगन भट्टा कहा जाता था। कहा जाता है कि पुराने जमाने में जब 24 घंटे के लिए भट्टे को आग में पकाया जाता था तब हर रात यिसिंग का पूरा आकाश रोशन हो जाता था। बनाने वाले शिल्पकार जब भट्टी की खिड़की से देखते थे कि चायदानी की रंगत बदलने लगी है तो वे आग बुझाने का निर्णय लेते थे। चायदानी से भरी भट्टी का अच्छा या बुरा होना पूरी तरह से बनाने वाले शिल्पकारों के अनुभव और ज्ञान के ऊपर निर्भर करता था।

आज आधुनिक तकनीकों और उपकरणों से चायदानी की भट्टी को पकने में महज कुछ घंटे लगते हैं। लेकिन सुन्दर बैंगनी रंग की मिट्टी की चायदानी का स्थान अभी उसे बनाने वाले कलाकारों एवं उसको संजोने वालों के दिल में गहरे बसा हुआ है।

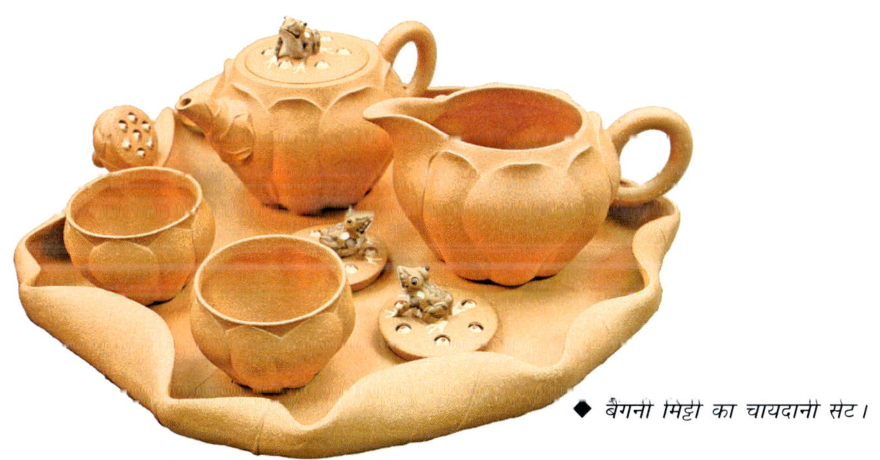

◆ *बैंगनी मिट्टी का चायदानी सेट।*

मिट्टी की गोल चायदानी बनाने के चरण

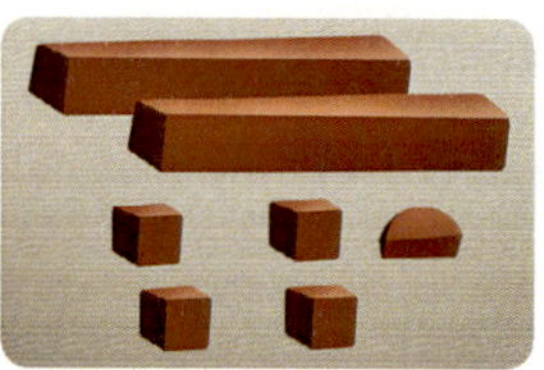

मिट्टी के लोंदे को पट्टियों में काटे

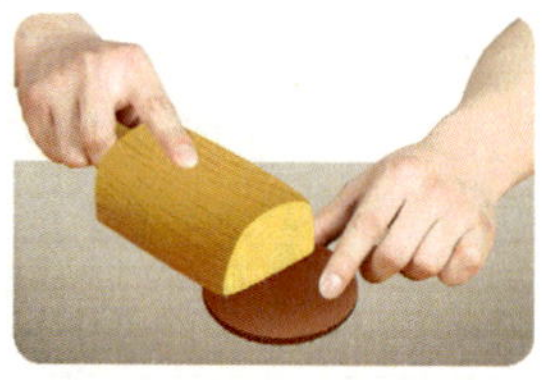

उन कटे टुकड़ों को एक समान बना लें

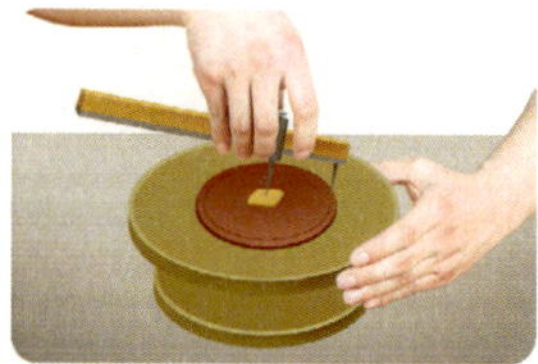

चायदानी का मुँह और पेंदी बनाना

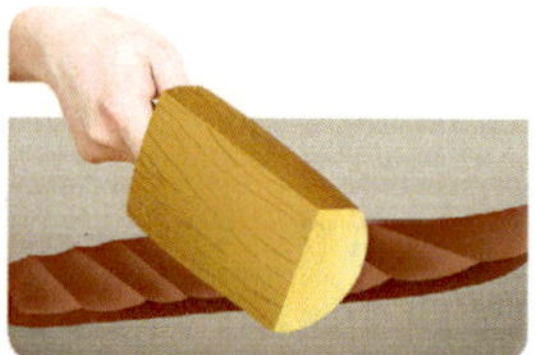

अतिरिक्त बुलबुले दूर करने के लिए टुकड़ों को थपथपाएँ

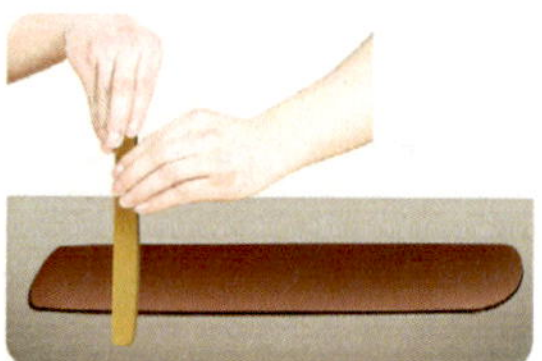

चिकनी सतह बनाएँ

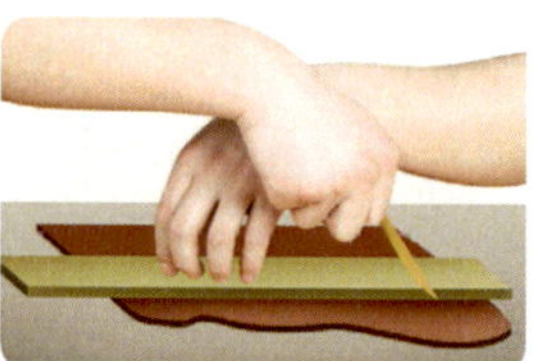

अतिरिक्त हिस्सा काटें

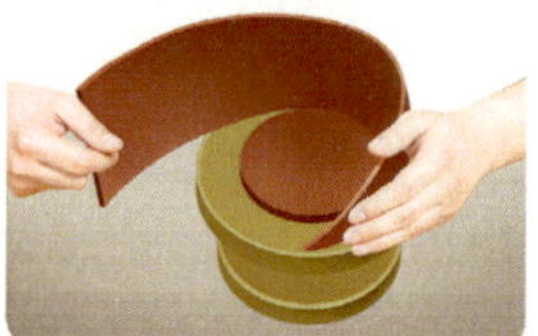

मिट्टी के तैयार टुकड़ों को सांचे में डालें और सांचे को घुमाकर गोलाकार रूप दें

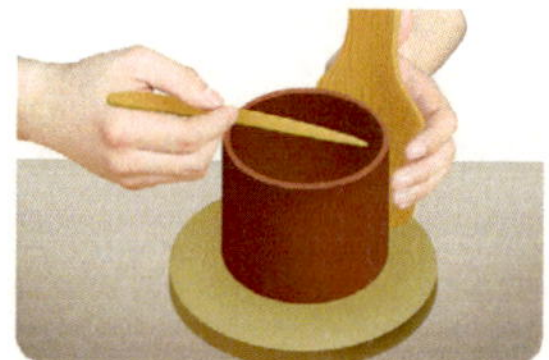

बाँस के उपकरण द्वारा दोनों तरफ को जोड़ें और चिकना बनाएँ

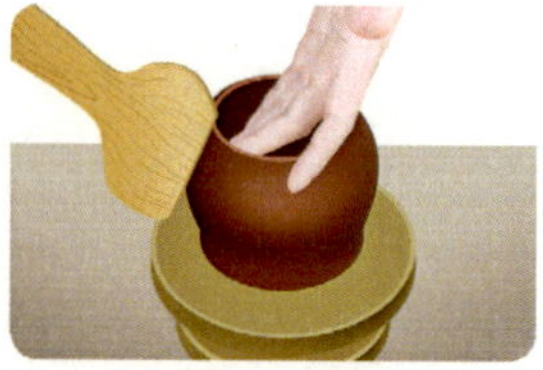

चाक को घुमाकर पीछे के हिस्से को उचित ढाल दें

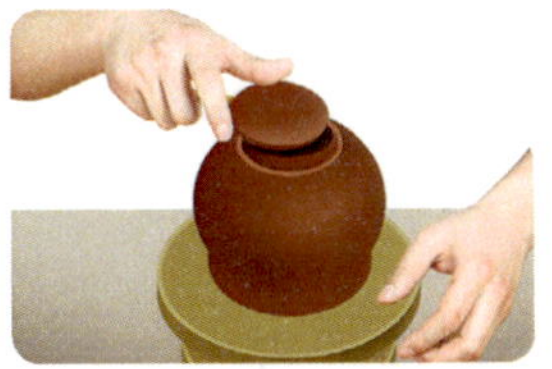

तलहटी को बैठाएँ और निचले भाग को उचित वृत्त-चाप दें। बाँस की छोटी छड़ी से अतिरिक्त मिट्टी हटाएँ

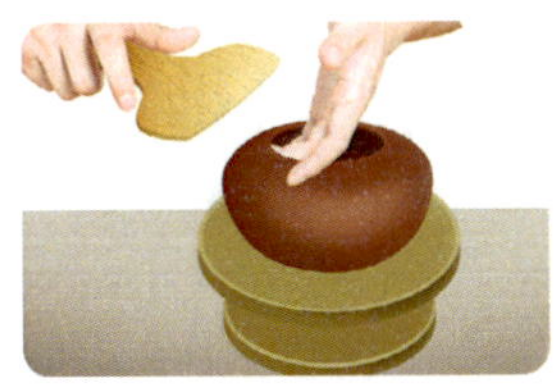

ऊपरी भाग को थपथपा कर वृत्त-चाप बनाएँ

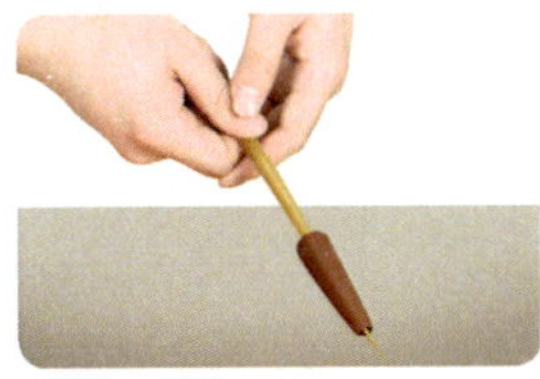

लोहे के तेज़ उपकरण से चायदानी की टोंटी को एक रूप दें

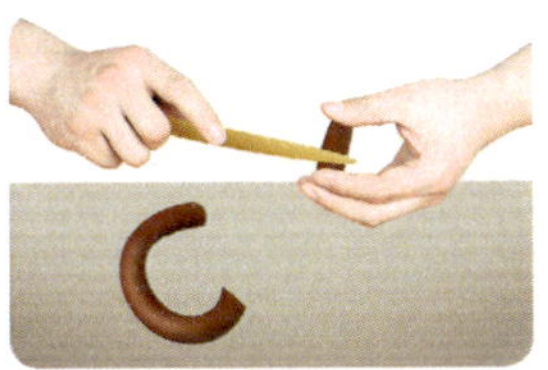

बाँस की छोटी छड़ी से चायदानी पर पड़ी अतिरिक्त मिट्टी हटाएँ

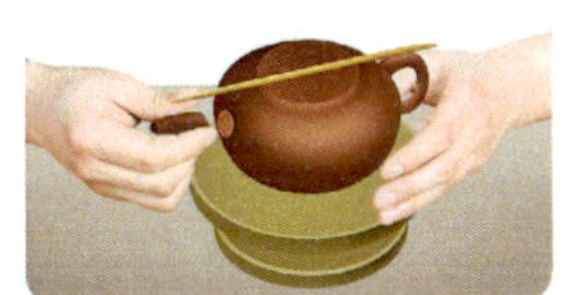

चायदानी के हैंडल और टोंटी को ऊपरी भाग से जोड़ें

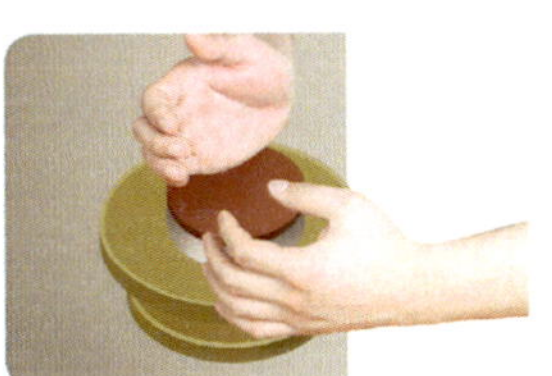

मुलायम मिट्टी को दबाकर ढक्कन का रूप दें, ढक्कन के अंदरुनी भाग को थपथपा कर उत्तल आकार दें, और सतह को चिकना करें

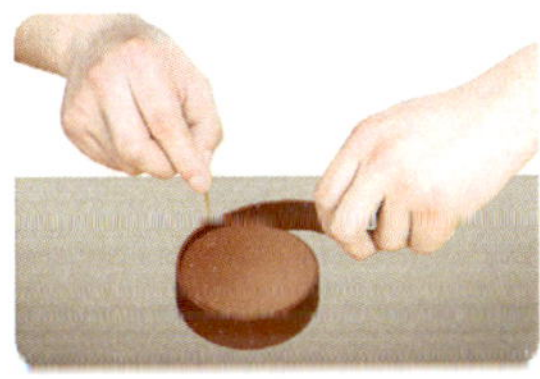

ढक्कन पर सजावटी किनारों का ध्यान रखें, अतिरिक्त मिट्टी को हटा दें और सतह को चिकना बनाएँ

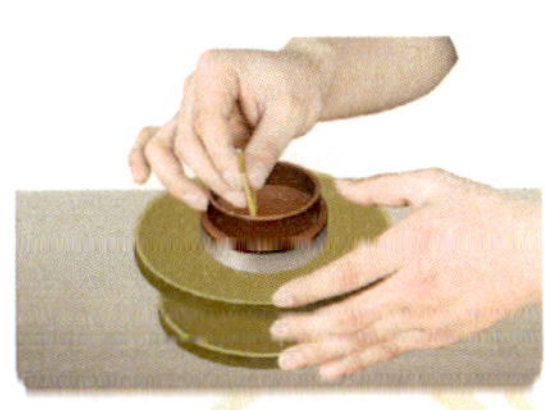

ढक्कन को वृत्त-चाप का आकार दें

कविता, चित्रकला तथा बैंगनी रंग का मिट्टी का चायदानी

बैंगनी रंग की मिट्टी के इन चायदानी के ऊपर जो डिजाइन बनाये जाते थे उनमें चीन की कला और साहित्य, जिनमें कविता, फूल, चिड़िया, भूदृश्य चित्रकारी, तथा प्राचीन शख्सियतों की छवियों को स्थान दिया जाता था। इन चायदानी के ऊपर बहुत सारी पंक्तियाँ चित्रित होती हैं जिनमें पुराने जमाने के लेखकों-कवियों की पंक्तियाँ होती हैं। शिल्पकला, पेंटिंग, कविता, खुशनवीसी और मुहरों की नक्काशी को मिलाकर जो एक कला बनती है वह बैंगनी रंग मिट्टी का बना चायदानी है जो चीनी लोक कला में अलग ही स्थान रखता है।

जिस चायदानी के ऊपर जाने माने खुशनवीसों द्वारा लिखत की जाती है उनको चायदानी के संग्राहकों के बीच 'मास्टरपीस चायदानी' कहा जाता है।इस तरह की चायदानी का निर्माण मिंग और चिंग राजवंशों के काल में शुरू हुआ। जाने माने खुशनवीसों जैसे दोंग जियांग, जेंग बाँकियो, चेन मंशेंग, रेन बोनियन और वू चंग्शुओ ने चायदानी बनाने वाले शिल्पकारों के साथ गठजोड़ किया ताकि उनकी लिखत इन चायदानी के ऊपर जाए। जाने माने समकालीन चित्रकार जैसे हुआंग बिन्होंग, या मिंग, तांग यून और चेंग शिफा ने इस तरह के उत्कृष्ट चायदानियों को अपनी कृतियों और लिखत द्वारा दर्ज किया।

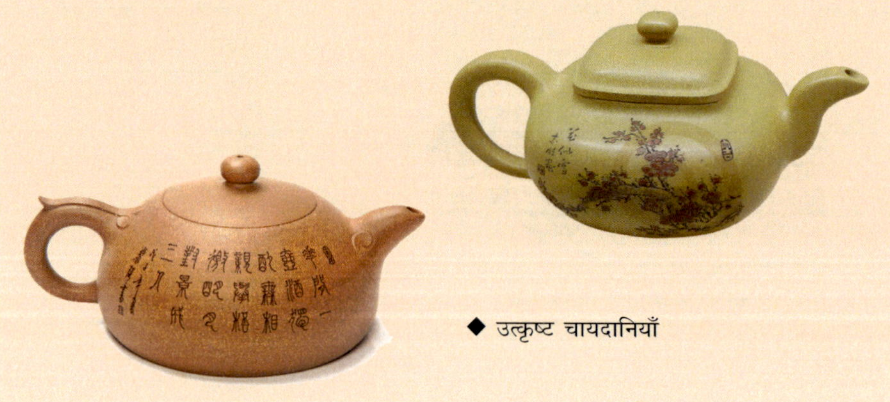

◆ उत्कृष्ट चायदानियाँ

सर्वश्रेष्ठ कला

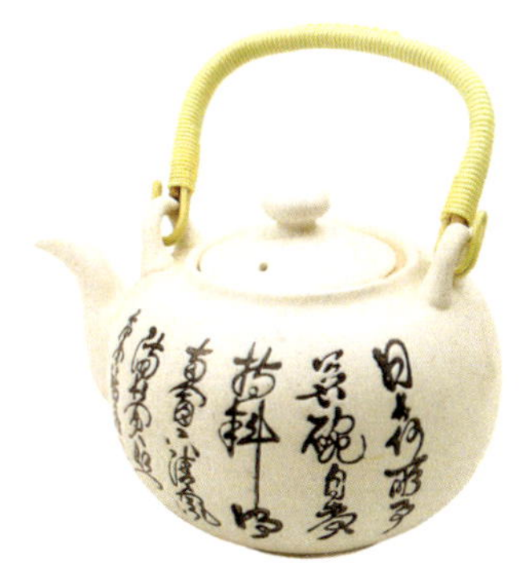

बैंगनी रंग की चायदानी के बारे में यह प्रसिद्ध है कि उसमें चाय रखने से चाय का स्वाद बढ़ जाता है, वह देखने में सुन्दर होता है और सबसे बढ़कर अपनी कलाकारी के लिए जिसमें चीन की परम्पगत संस्कृति तथा कला और साहित्य का मेल है। एक कलाकृति में खुशनवीसी, चित्रकला और मुहर कला का संगम है।

चायदानी कलाकार अक्सर अपने चायदानी को कविता, खुसनवीसी, चित्रकला और शुभंकर आकृतियों से सजाते हैं। कई चायदानी के नीचे की तरफ वे अपना नाम भी अंकित कर लेते हैं। कुछ कलात्मक चायदानी बनाने के लिए संस्कृति के क्षेत्र की मशहूर हस्तियों के साथ साझेदारी करते हैं। जो उच्च कलात्मक मूल्य वाली संग्रहण ीय कलाकृति बन जाती है।

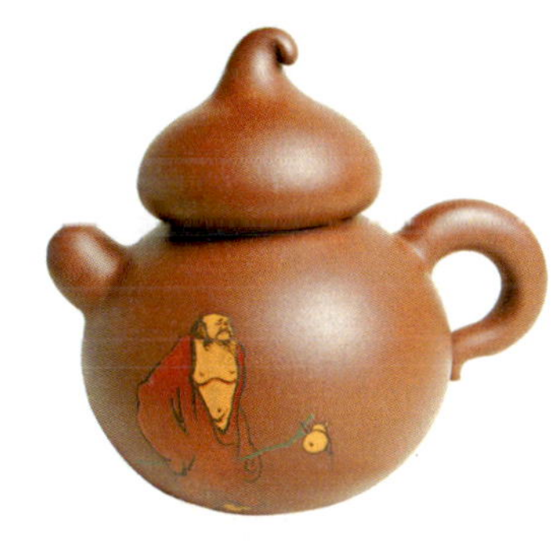

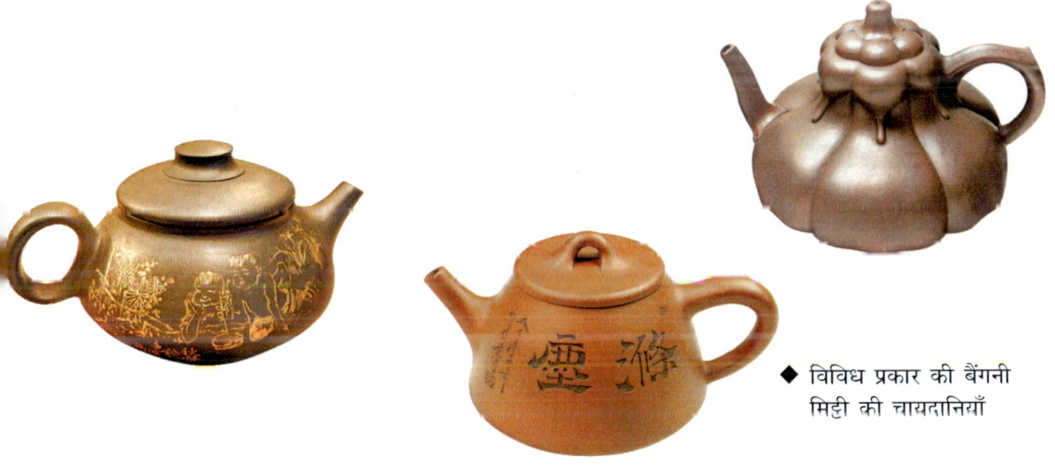

◆ विविध प्रकार की बैंगनी मिट्टी की चायदानियाँ

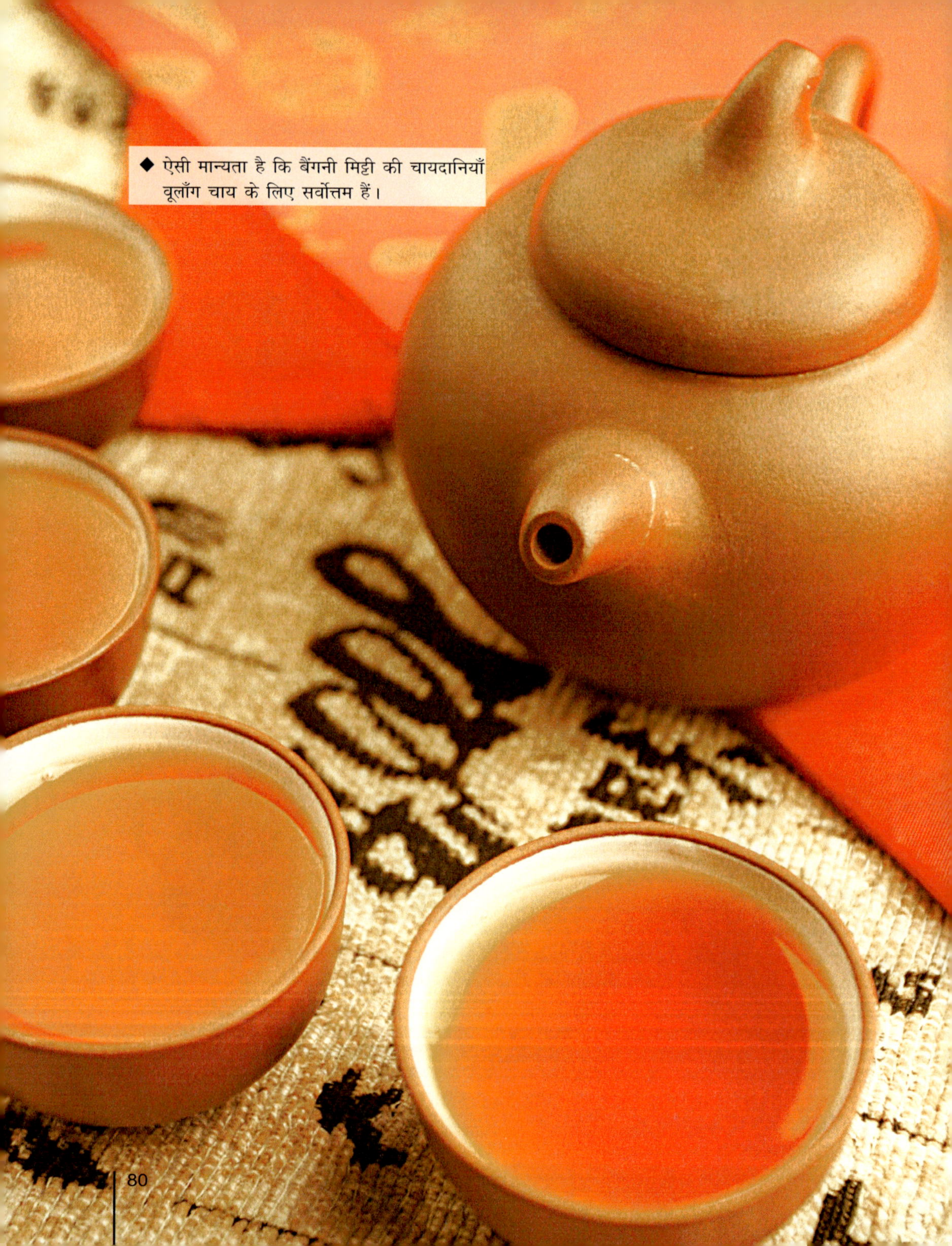

◆ ऐसी मान्यता है कि बैंगनी मिट्टी की चायदानियाँ वूलाँग चाय के लिए सर्वोत्तम हैं।

मंगलसूचल चीनी गांटें

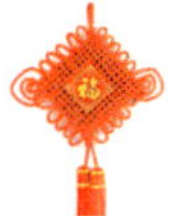
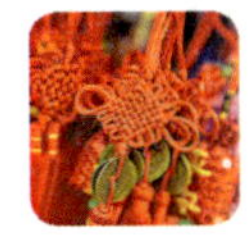
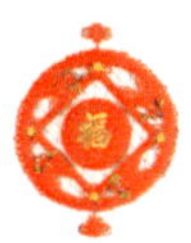
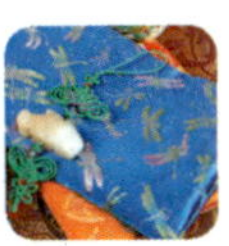

2012 में चीन के अन्तरिक्ष यान 'शेंजोऊ 10' में लाल रंग का सजावटी पंचांग गाँठ लटका हुआ था। तियांगोंग 1 परीक्षण अन्तरिक्ष यान के प्रयोगशाला रूप में भी पंचांग लाल रंग की गाँठलटकी हुई थी। प्रयोगशाला में राष्ट्रीय ध्वज के अलावा यही एकमात्र सजावटी साधन मौजूद था।

चीनी गांठें प्राचीन लोक हस्तशिल्प है, जिसमें एक धागे से कई तरह की आकृतियाँ बनाई जा सकती हैं।पंचांग गाँठ उन अलग अलग आकृतियों में एक हैं।

चीनी गांठों की संस्कृति

प्राचीन काल में अधिकतर चीनी स्त्रियाँ अनपढ़ होती थीं, लेकिन उनको कशीदाकारी करना और गाँठ बनाना आता था। उनके हाथों में पड़कर एक धागा सुन्दर गाँठ में बदल जाता था।गाँठ बनाने के अलग अलग तरीके थे और एक तरह के डिजाइन से ही गाँठ की अलग अलग तरह की आकृतियाँ बनाई जाती थीं। प्राचीन काल में चीन की स्त्रियाँ सुखद जीवन से जुड़ी अपनी भावनाओं को सिलाई तथा गाँठ बनाने के माध्यम से अभिव्यक्त करती थीं, जो उनके जीवन का जरूरी हिस्सा था।

गाँठ के लिए जो चीनी भाषा का शब्द है वह बहुत भावनात्मक है। वह मंगल शब्द से मिलता जुलता है जो शुभकामना का प्रतिनिधित्व करता है, और इसका अर्थ होता है जुड़ाव, एकता, साहचर्य, सदा सदा की नजदीकी, एकीकरण और सामंजस्य।इस शब्द का प्रयोग

अकसर विवाह के लिए भी किया जाता है। सजावटी गांठों का स्त्री पुरुा आपस में प्रेम को प्रदर्शित करने के लिए भी आदान-प्रदान करते हैं। 'दिल से दिल तक' गाँठ हमेशा से स्त्री-पुरुा के बीच प्यार का प्रतीक रहे हैं। चीन के सजावटी गांठें केवल सुन्दर और सामंजस्यपूर्ण डिजाइन को नहीं दर्शाते हैं बल्कि सच्चाई, भलाई, सुन्दरता के पार्टी लोगों के प्यार के साथ साथ एक सामंजस्यपूर्ण समाज के प्रति लोगों की कामना को भी दर्शाते हैं।

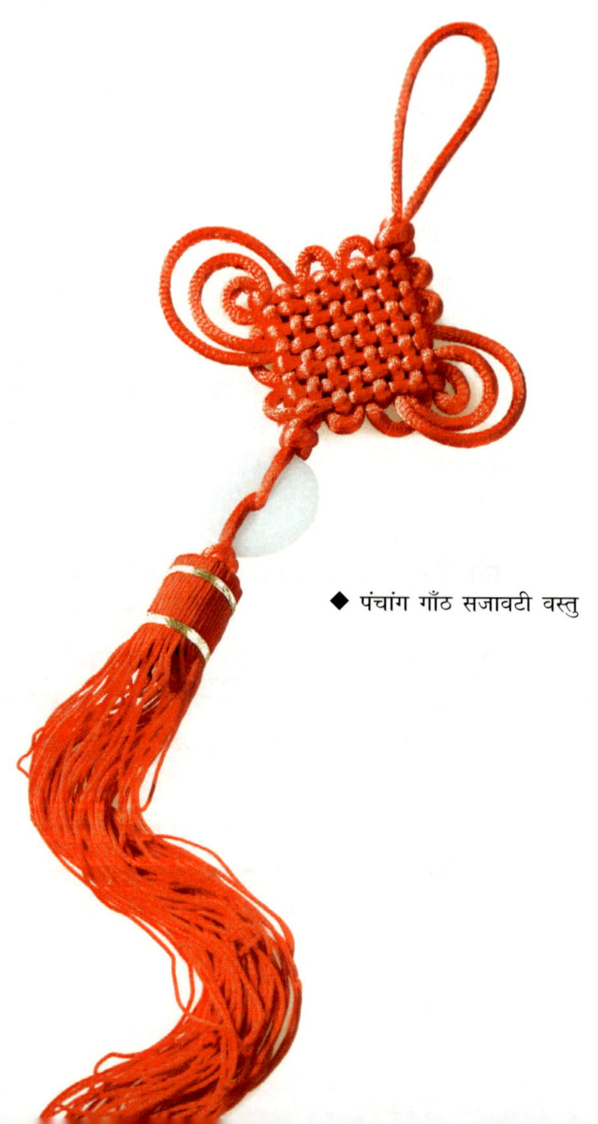

◆ पंचांग गाँठ सजावटी वस्तु

गाँठों से घटनाक्रम दर्ज़ करना

किसी बात को याद रखने के लिए प्राचीन काल में चीन के लोग कई तरह से घटनाओं को दर्ज किया करते थे और गाँठ बनाना उनमें से एक आरंभिक तरीका था। वे किसी घटना की प्रकृति, आकार और उसकी संख्या के आधार पर गांठें बाँधते थे। उदाहरण के लिए एक बड़ी गाँठ का मतलब किसी बड़ी घटना से होता था, इसी तरह से, वे अनाज के आकार की गाँठ बाँधते थे ताकि उनको यह याद रहे कि अनाज के उत्पादन में वृद्धि कितनी हुई।इसी तरह मौसम में हुए बदलावों को दर्ज करने के लिए वे गांठें बाँधते थे। एक धागे से बनी हुई गाँठ का मतलब साधारण संख्या से होता था और कई धागों से बनी गाँठ का मतलब अधिक जटिल चीज से होता था।

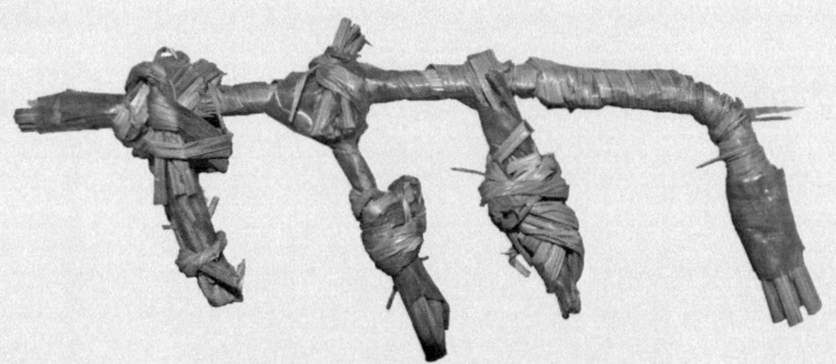

◆ घटनाक्रम दर्ज़ करने हेतु प्राचीन गाँठे

गाँठ के सजावटी रूप

चीनी गांठों का उपयोग पत्तियों या सजावटी गहनों के रूप में किया जाता था। गाँठ बनाने के सबसे पुराने प्रमाण विस्तृत रूप से प्राचीन बर्तनों, कपड़ों, टोपियों और अन्य प्रकार की चीजों पर मिले हैं। मिंग और चिंग राजवंशों के काल में बेहद विकसित और सुन्दर गाँठ बनाने की तकनीक पाई जाती थी। दैनिक उपयोग की कई जरूरी चीजों में भी बेहतरीन और सघन गांठों के रूप मिलते हैं जैसे पालकी, परदे, लालटेन, खूंटी, पंखे, पट्टी, बांसुरी से जुड़े साधन, जुड़े

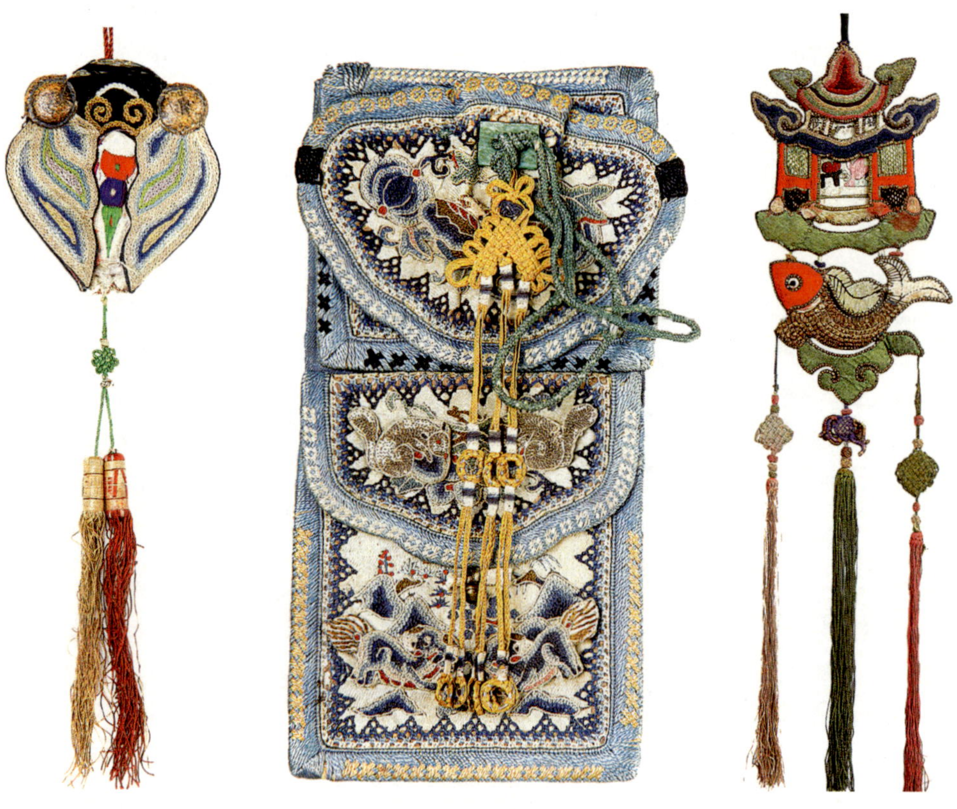

◆ विविध गाँठ आभूषण

में लगाई जाने वाली पिन, फूलों के टोकरे, थैलियाँ, बटुए, शीशे के बक्से और तम्बाकू रखने की थैलियाँ। इसके साथ ही उस समय अलग अलग शैलियों के चमकीले लगातार बदलने वाली गांठें भी बनाई जाती थीं।

आज भी चीन के लोगों को सजावटी और आभ़ूाण के रूप में गांठें बनाना पसंद है।चीन में नए साल के उत्सव के दौरान उत्सव का आनंद बढाने के लिए लोग कुछ लाल गांठें लटकाते हैं। दैनिक जीवन में लोग अपने कपड़ों पर गांठें पहनते हैं, तोहफों को उनसे बाँधते हैं और घर में उनको सजावट के रूप में रखते हैं।

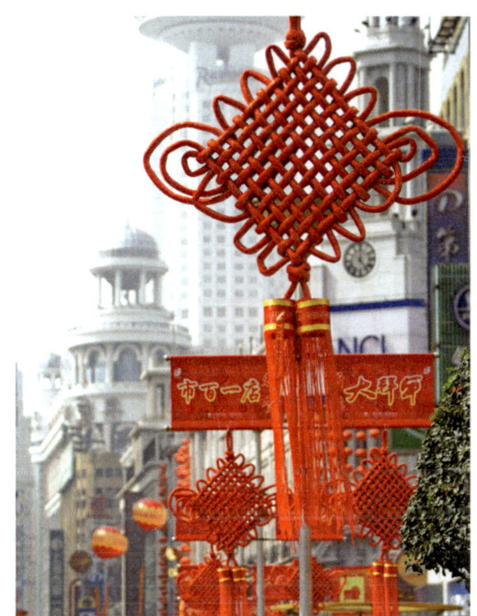

◆ चीनी नव वर्ष उत्सव के लिए गाँठों की सजावट

साधारण चीनी गांठें कैसे बनाएं

एक छोटी सी गाँठ में प्राचीन काल के चीनी लोगों के ज्ञान, तकनीक और रचनात्मता का पता चलता है। यह देखने में साधारण लगता है, लेकिन इसको बनाने में कुछ कोशिश करनी होती है। धागा या फीता गोल, चौकोर, सपाट या दोहरे रंगों वाला हो सकता है गतात्ल्ट दिशा में इसको मोड़ने से यह गलत पड़ जायेगी। अलग अलग आकार की गांठों को बनाने के लिए इस बात का ध्यान रखना जरूरी होता है कि कहाँ से इसको खींचा जाए, इसको धीरे या जोर से खींचा जाए।

नीचे दो प्रकार के चीनी गांठों को बनाने के साधारण तरीके बताये गए हैं – पंचांग गाँठ और 'दिल से दिल तक' गाँठ। कोशिश करके देखिये।

पंचांग गाँठ बनाने के चरण

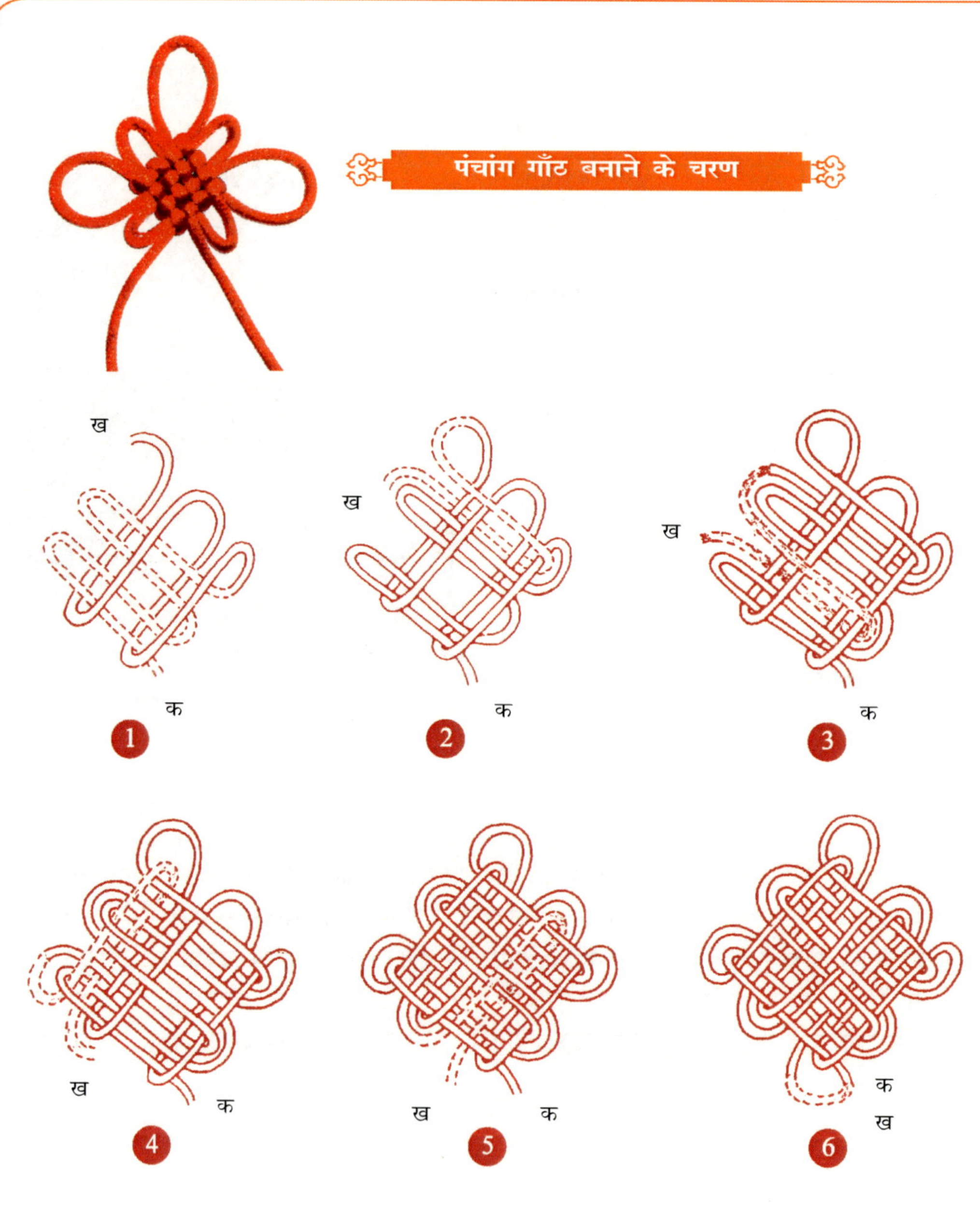

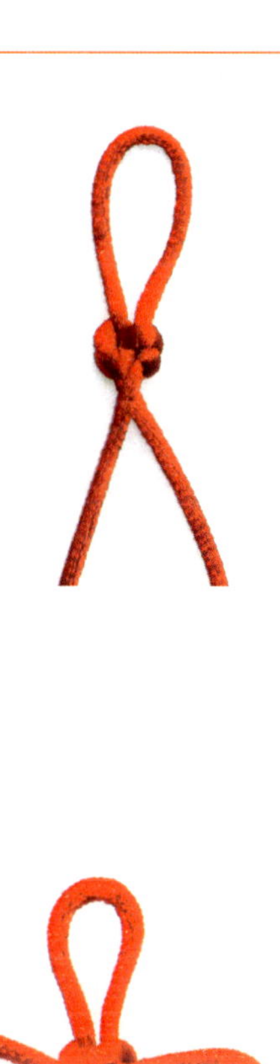

दिल से दिल गाँठ बनाने के चरण — क

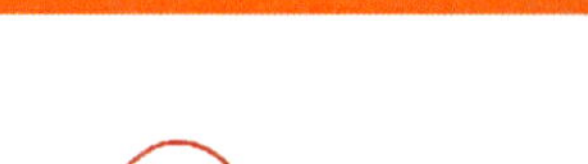

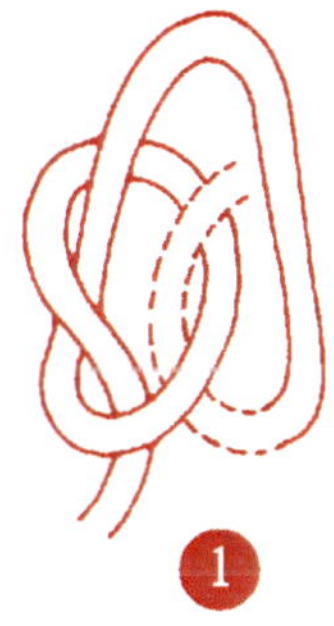

1

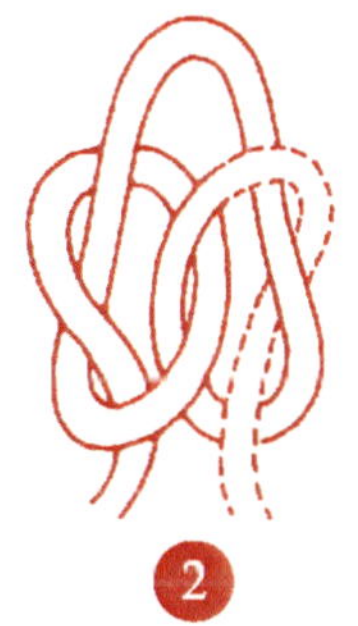

2

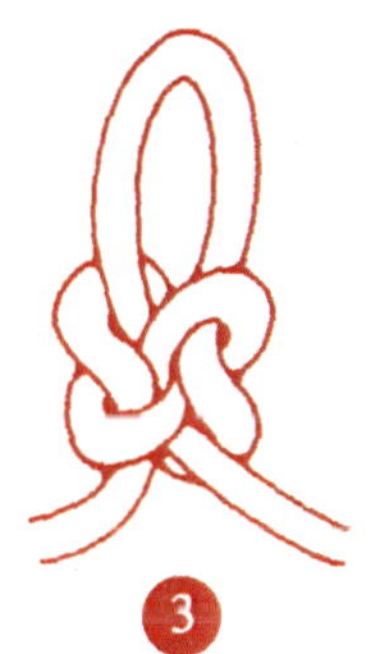

3

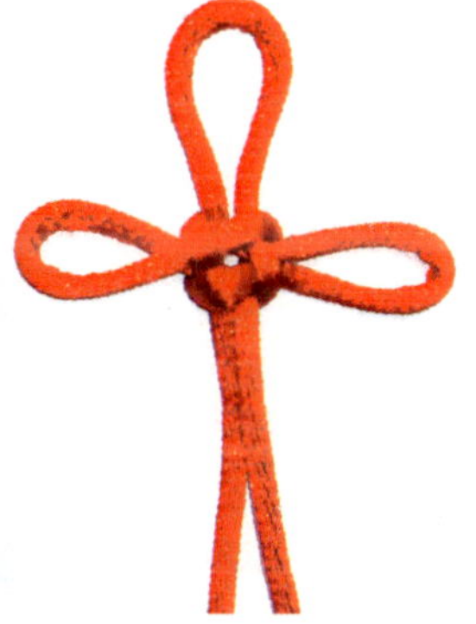

दिल से दिल गाँठ बनाने के चरण — ख

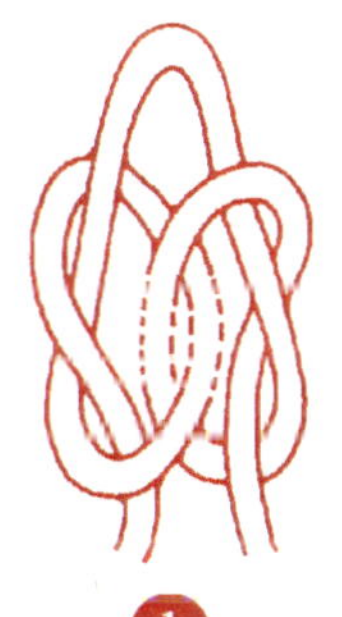

1

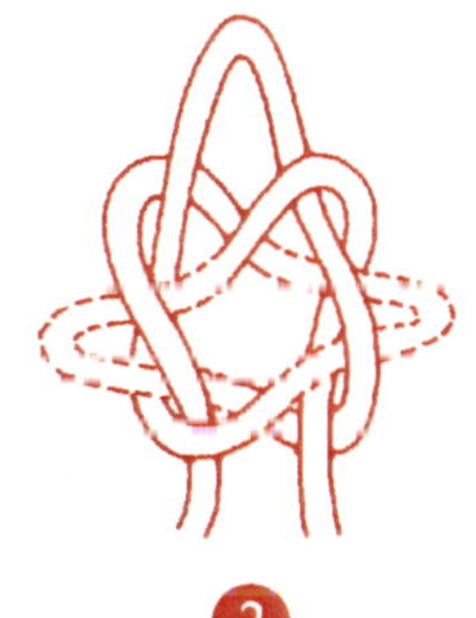

2

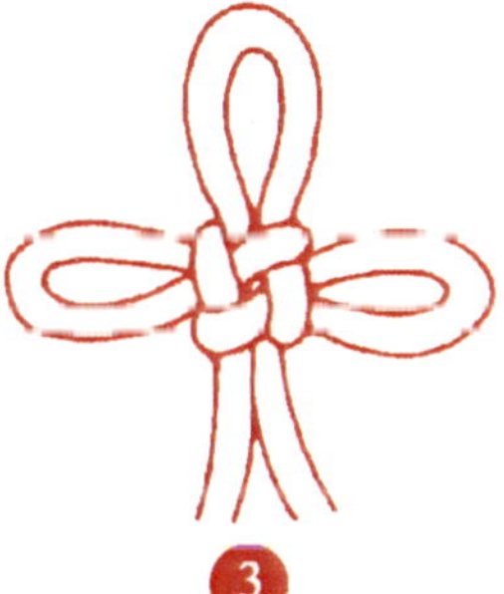

3

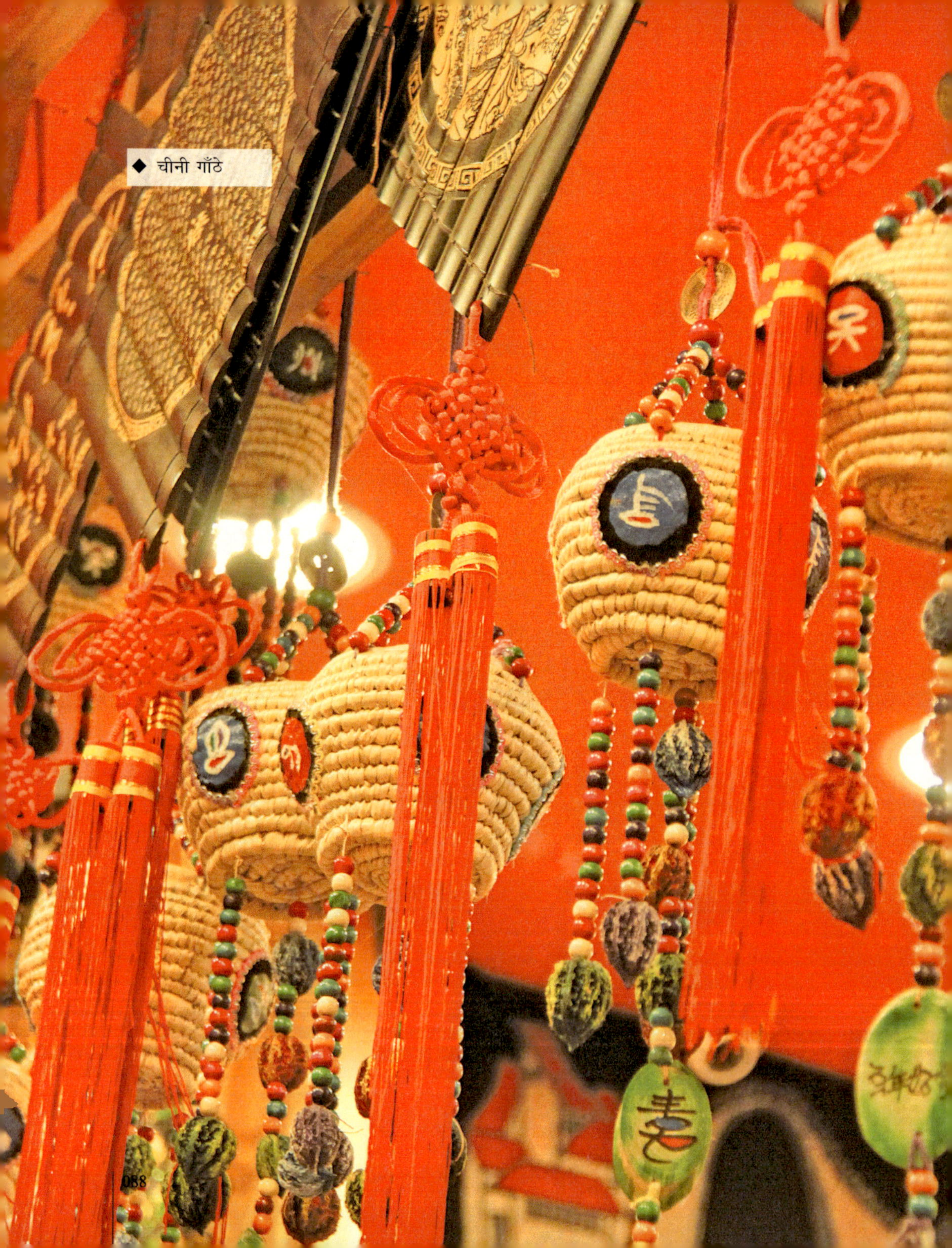

◆ चीनी गाँठे

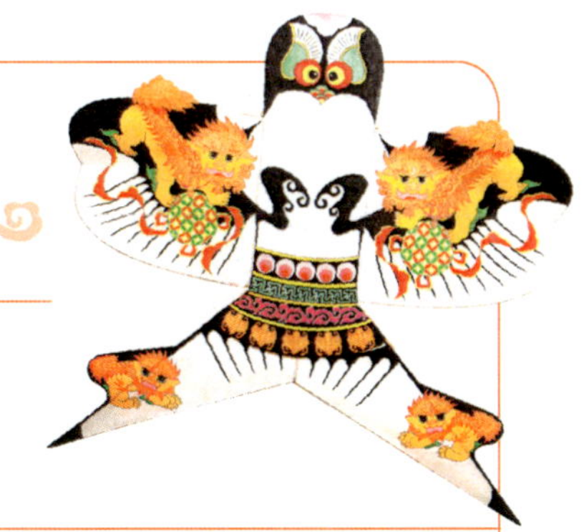

बिन ईंधन हवाई जहाज – चीनी पतंग

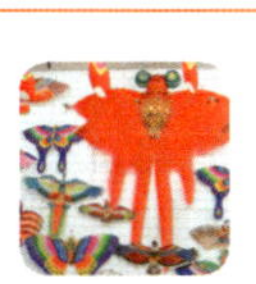
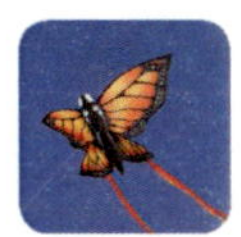
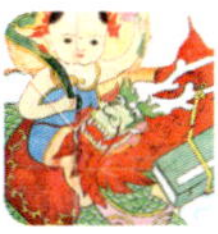
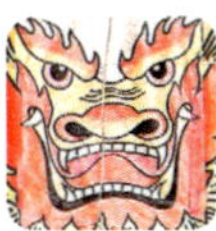

चीन पतंग की गृहनगरी है, जो अपने आविष्कार के समय से ही बच्चों का पसंदीदा खिलौना बन गया और बाद में इसने वैज्ञानिक शोध में महत्वपूर्ण योगदान दिया। जोसेफ नीधम ने अपनी किताब 'साइंस एंड सिविलाइजेशन इन चाइना' इस बात को दर्ज किया है कि पतंग एक प्रमुख वैज्ञानिक एवं तकनीकी खोज थी जो चीन से यूरोप आई। वाशिंगटन डीसी के राष्ट्रीय हवाई एवं अन्तरिक्ष संग्रहालय में एक चीनी पतंग को भी प्रदर्शित किया गया है, जिसके नीचे यह लिखा हुआ है कि 'मनुयों के सबसे पुराने हवाई जहाज चीन की पतंगें और राकेट थीं।'

दुनिया का सबसे पुराना हवाई जहाज

चीनवासियों ने 2 हजार साल पहले युद्धरत राज्यों और बसंत-पतझड़ काल से ही पतंग बनाना शुरू कर दिया था।पतंग चिड़िया की शक्ल के बनाए जाते थे और उनके पीछे बांस का उपयोग करते हुए चौखटा बनाया जाता था जिससे कि वह मजबूत और हल्का सहारा बने तथा उड़ने के लिए रेशम या कागज़ को पतंग का रूप दिया जाता था। हवा के बहाव के सहारे पतंग उड़ता रहता था। पतंग दुनिया का सबसे पुराना जहाज बन गया। धीरे धीरे पतंग उडाना घर के बाहर मनोरंजन की एक प्रमुख गतिविधि बन गई। वसंत और पतझड़ में लोग बाहर निकलकर पतंगें उड़ाते थे। इतिहास में पतंग का इस्तेमाल सैन्य गतिविधियों, संचार और सर्वेक्षण के लिए भी किया जाता था।

पतंग बनाने वाले कलाकार ख़ुशी, लम्बी आयु, शुभकामना, आपदाओं से मुक्ति आदि के

प्रति मनुय की कामना को पतंगों के डिजाइनों और उनके सजावट के ढंग से किया करते थे। वे पतंगों को केवल सुन्दर ही नहीं बनाते बल्कि उसको सौभाग्य का प्रतीक रूप भी बनाते हैं। लोगों को यह उम्मीद रहती है कि पतंग उड़ाने से उनके मन में जो दुआएं हैं वे आकाश में जा सकती हैं। पतंग जितना ऊंचा उड़ती है, उनके सपने उतनी ही जल्दी पूरे होंगे। ज्यादातर इलाकों में पतंगबाजी वसंत और पतझड़ के मौसमों में की जाती है, खासकर हवा और परंपरागत खेती के मौसम के कारण। वसंत और पतझड़ के मौसमों में हवा हलकी और एकसमान बहती है जो पतंग उड़ाने के लिहाज से बिलकुल मुफीद होती है। चीन पारम्परिक रूप से कृाप्रिधान क्षेत्र रहा है इसलिए वहां

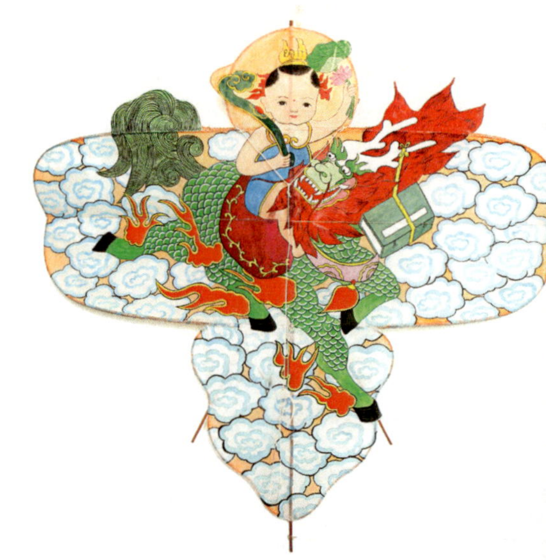

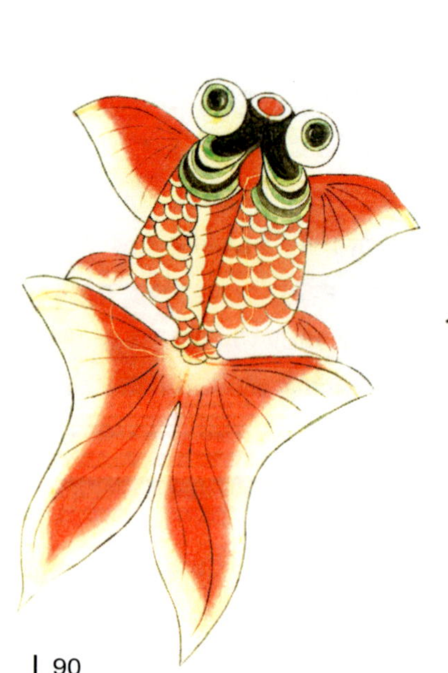

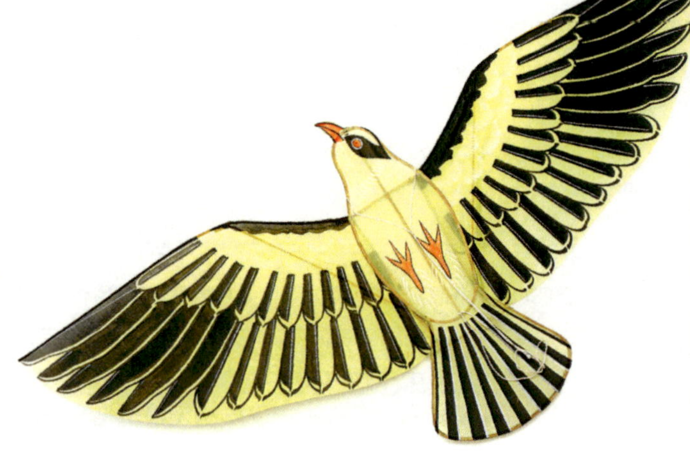

◆ पतंगे

मनोरंजन की गतिविधियाँ तब अधिक होती हैं जब खेती का मौसम नहीं होता है।

1915 में चीन ने पहली बार पनामा-पैसिफिक अंतर्राष्ट्रीय पतंगबाजी की प्रतियोगिता में हिस्सा लिया था। बीजिंग के पतंगबाज हा चान्यिंग और तियानजिन के वेई युआन्ताई ने स्वर्ण और रजत पदक हासिल किये। 1949 के बाद चीन के बहुत सारे इलाकों में पतंगबाजी की प्रतियोगिताएं होने लगी जिससे चीन की लोक कला पतंगबाजी की लोकप्रियता एक नई ऊंचाई तक पहुंची।दुनिया की सबसे बड़ी पतंग 'द मोलुस्क औक्टोपस' चीनी लोगों द्वारा बनाई गई जिसका वजन 200 किलो था और जिसका आकार 1500 वर्ग मीटर था, अक्टूबर 2013 में उसको जुहाई के अंतरराष्ट्रीय पतंग उत्सव में सफलतापूर्वक छोड़ा गया।

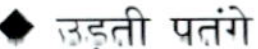

◆ उड़ती पतंगे

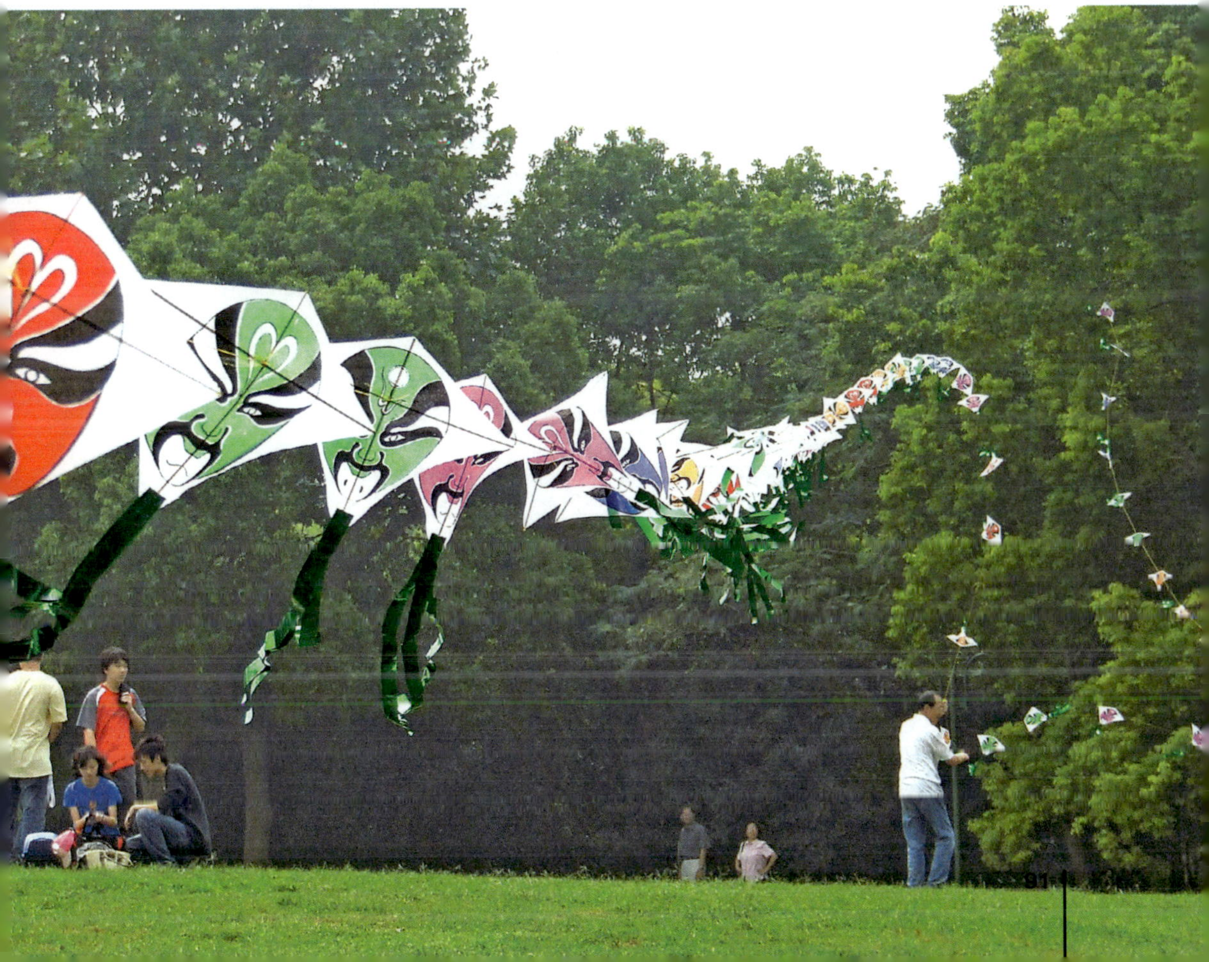

एक साधारण पतंग का निर्माण

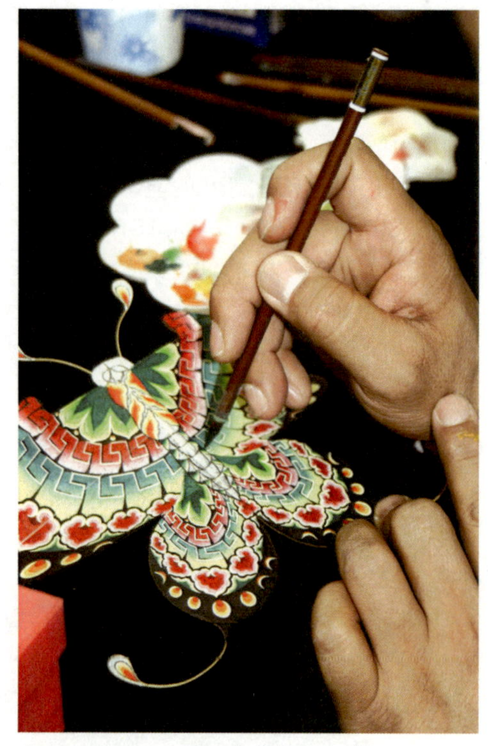

◆ एक कलाकार पतंग को चित्रित करते हुए

विशिष्ट रूप से बनाई गई पतंग मूल्यवान कला जैसी होती है और यह संग्राहकों के काम की भी होती है। 1915 में चीन की पतंगें पनामा पैसिफिक इंटरनेशनल एक्सपोजिशन में प्रदर्शित की गई थी जिसमें चीन ने स्वर्ण पदक जीता था। स्वर्ण पदक विजेता पतंग निर्माण, कटाई, डिजाइन, सामग्री चयन, चौखटा निर्माण, रंगाई, सामग्री को एक साथ मिलाने पतंग के धागों की बंधाई, परीक्षण उड़ान की असंख्य प्रक्रियाओं से होकर गुजरती है। मनोरंजन के लिए एक आम पतंग बनाना बहुत आसान है। इसके बुनियादी चरण हैं :

1. बांस की खपच्चियों को पतंग के पहले से तैयार आकार के पीछे बिठाना।
2. उस ढाँचे को कागज़ या कपड़े से ढक देना।
3. कागज़ या कपड़े पर अलग अलग तरह के आकार बनाना।
4. धागा जोड़ना और पतंग तैयार हो जाता है।

दो लोग अगर मिलकर पतंग उड़ायें तो पतंग उडाना आसान होता है। एक आदमी हवा की विपरीत दिशा में खड़ा होता है। वह कई मीटर धागे को खोलकर पतंग को पीछे से पकड़ कर दूर तक जाता है। दूसरा आदमी धागे को खींचकर पतंग को हवा में उड़ाते हुए दौड़ने लगता है और इस क्रम में और धागा छोड़ता जाता है ताकि पतंग हवा में उड़ने लगे। एक बार जब पतंग एक निश्चित ऊंचाई तक पहुँच जाती है उसके बाद वह धागे को आगे पीछे करते हुए पतंग को सहजता से उड़ाता जाता है।

चीन के अल्पसंख्यकों की बुनाई और छपाई कला

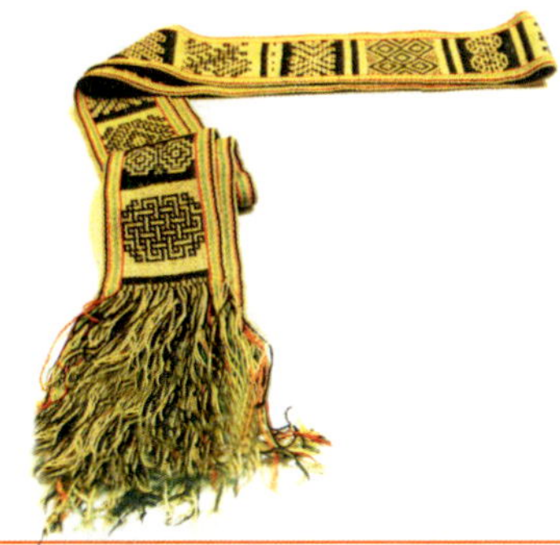

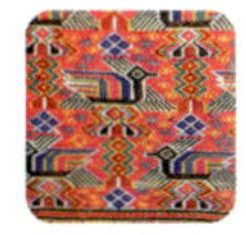
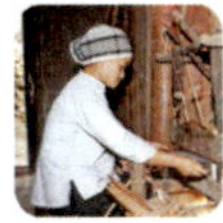
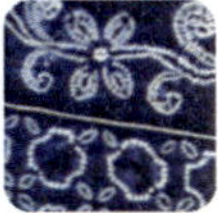
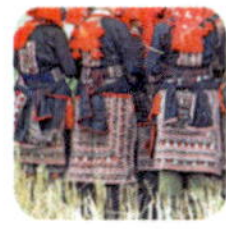

चीन में पारंपरिक रूप से कपड़ा बनाने की जो प्रक्रिया है उसमें सूती, रेशमी ऊनी कपड़ों के लिए कच्ची सामग्री को पहले धागे के रूप में काता जाता है, उनको फिर कपड़े के रूप में बुना जाता है, उसके बाद उसको रंग जाता है, उसके ऊपर छपाई की जाती है और फिर कपड़े की सिलाई होती है। चीन की बुनाई और छपाई की कला हजारों साल के दौरान बेहद विकसित हुई है। कुछ जनजातीय अल्पसंख्यकों जैसे तुजिया ज़री, तिब्बतन पुलु, मियाओ बाटिक और बाई बाँधनी कला के कुछ विशिष्ट पहलुओं की चर्चा करते हैं।

तुजिया ज़री

तुजिया चीन का सबसे बड़ा जनजातीय अल्पसंख्यक समूह है। हुनान, हुबेई, सिचुआन और गुईजोऊ प्रांतों के सम्मिलित सीमाओं पर इनका निवास है। तुजिया खेती और बुनाई के कौशल के लिए दुनिया भर में जाने जाते हैं और तुजिया ज़री को चीन के तीन सबसे बढ़िया ज़री में एक माना जाता है।

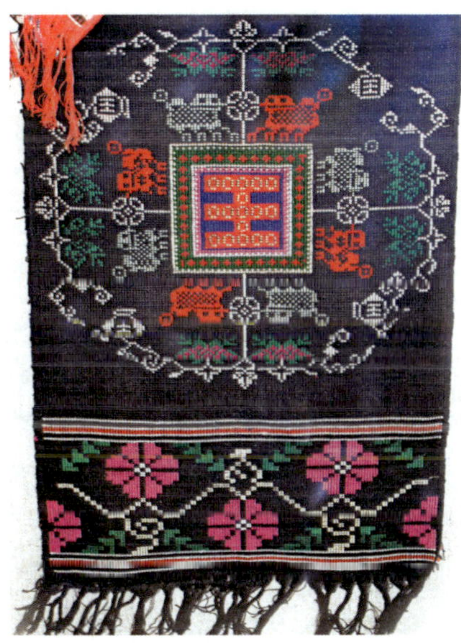

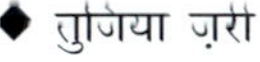

◆ तुजिया ज़री

तुजिया ज़री का इतिहास एक हजार साल से भी पुराना है। तुजिया की बेहतरीन ज़री के लिए रेशम, सूती और ऊन के धागों का प्रयोग किया जाता है। तुजिया जनजाति की स्त्रियाँ ज़री के पीछे की तरह छवियाँ बुनती हैं। इस तरीके से ज़री की संरचना ठोस और टिकाऊ हो जाती है, दोनों तरफ सुन्दर छवियाँ दिखाई देती हैं और इसके रंग बहुत दिनों तक टिकाऊ होते हैं। तुजिया ज़री की विशेषता है विपरीत रंगों का एक साथ प्रयोग, काले के साथ सफेद, लाल के साथ हरा और नीले के साथ पीला।

जिलान्कपू खास तरह की तुजिया ज़री शैली है, जिसको अपने चमकीले रंगों और खास तरह की छवियों के कारण जाना जाता है। इसको लाल, पीले, नीले, सफेद और काले रंगों के धागों से बुना जाता है और इसके ऊपर करीब 120 छवियाँ बनाई जाती हैं, जैसे चाँद, सूरज और आकश के तारे, तथा पशुओं और फूलों की छवियाँ बनाई जाती हैं। तुजिया लड़कियां जिलान्कपू की बुनाई 12-13 साल की उम्र से ही करने लगती हैं और अपने विवाह के मौके पर पहने जाने के लिए कपड़े तथा दहेज के लिए गहने बनाने लगती हैं। छुट्टियों के जश्न के दौरान तुजिया जनजाति के लोग ज़री के सजावटी शाल ओढना भी पसंद करते हैं।

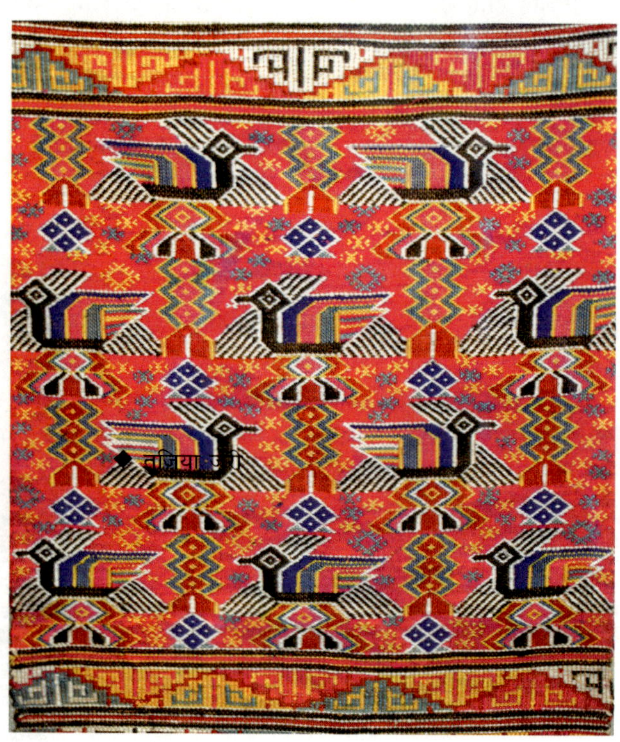

◆ तुजिया ज़री

झुआंग ज़री

जुआंग एक जनजातीय अल्पसंखयक समुदाय है जो पीढ़ियों से दक्षिणी पश्चिमी गुआंग्सी, युनान, हुईजोऊ और हुनान प्रांतों में रहते आये हैं। जुआंग ज़री इस जनजातीय समूह का सबसे जाना माना और खास हस्तशिल्प है।

रेशम और सूती धागों से बुनाई करके जुआंग ज़री का निर्माण होता है। जुआंग ज़री की कलात्मक शैली बहुत मुखर है जिसके ऊपर ज्यामिती के आकार बने होते हैं और विपरीत रंगों का बहुत सुन्दर समन्वय इसके ऊपर किया जाता है। जिआंग ज़री बहुत टिकाऊ और मुलायम होते हैं जिसके कारण ये व्यावहारिक उपयोग के लायक होते हैं। रजाई के खोल बनाने, मेजपोश, हैण्डबैग और एप्रन बनाने के लिए इनका विशेष रूप से प्रयोग किया जाता है। जुआंग ज़री को आधुनिक आंतरिक सज्जा में दीवार पर बड़े आकार की कलाकृति के रूप में भी लगाया जाता है। आज भी जुआंग के लोग नवविवाहितों के लिए रजाई के खोल बनाने तथा बच्चों को ढोने के लिए ज़री की पट्टियां बनाने की परम्परा को बनाए हुए हैं।

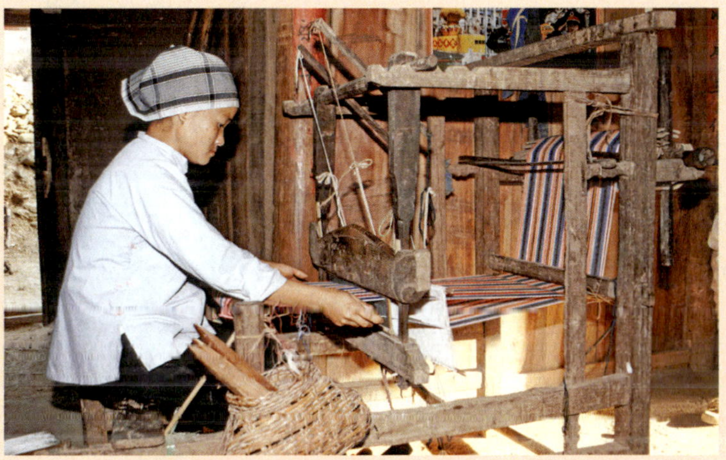

◆ एक झुआंग स्त्री ज़री बुनाई मशीन पर काम करते हुए

तिब्बती पुलु

तिब्बती लोग कम तापमान वाले ऊँचे पठारी इलाकों में रहते हैं, वहां का मौसम ठंडा तथा वहां की प्राकृतिक अवस्था सख्त होती है। वे पशुपालन तथा खेती के काम पर निर्भर होते हैं। पठार के जीवन में बचे रहने तथा वहां के जीवन के अनुकूल होने के लिए तिब्बती स्त्री और पुरुा पुलु चोगे पहनते हैं।

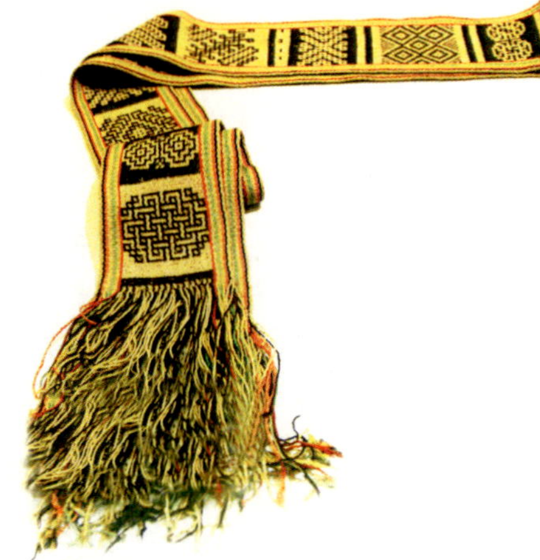

◆ तिब्बती पुलु बेल्ट

तिब्बती पुलु एक तरह का हस्तनिर्मित ऊनी कपड़ा है जिसका उपयोग मुख्य रूप से तिब्बती कपड़ों में होता है। यह टिकाऊ, मोटा, गर्म, हवा को रोकने वाला तथा पानी को सहन करने वाला होता है। पुलु बनाने के लिए ऊन को गुंथा जाता है, ऊन के धागों को मोड़ा जाता है उसके बाद उनकी बुनाई और रंगाई की जाती है। सबसे पहले पुलु सफेद रंग में बनाया जाता है और उसके बाद उसे अलग अलग रंगों में रंगा जाता है।

तिब्बती लोग घुमंतू होते हैं इसलिए सुविधा के लिए तिब्बतियों द्वारा पहने जाने वाले लम्बे चोगे के अंदर पर्याप्त स्थान होता है ताकि उसके अंदर वे अपने हाथों को आराम से हिलाडुला सकें। यह केवल शरीर को गर्म रखने के लिए ही नहीं होता है बल्कि उनको उतारना और सफर के लिए पहनना भी आसान होता है। रात के समय इससे बंधी पट्टी खोलकर और बांहों को हटाकर इसे ओढने के काम में लाया जा सकता है। आधे को बिछा लिया जाता है और आधे को ओढ़ लिया जाता है।गर्मी के दिनों में जब गर्मी बढ़ जाती है तो पहनने वाला एक हाथ बाहर निकालकर एक कंधे को खुला छोड़ देते हैं जिससे गर्मी बाहर निकल सकती है। दायें कंधे और बांह को खुला छोड़ देने की यह शैली तिब्बत में पहनने ओढने के परम्परा की विशिष्ट शैली है।

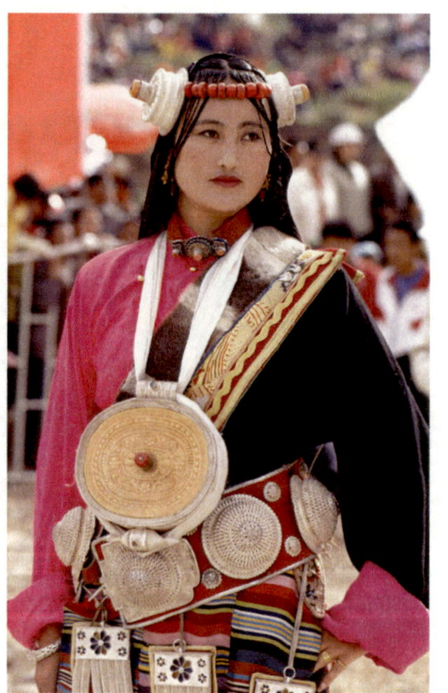

◆ तिब्बती चोगे में तिब्बती स्त्री

मीआओ बाटिक

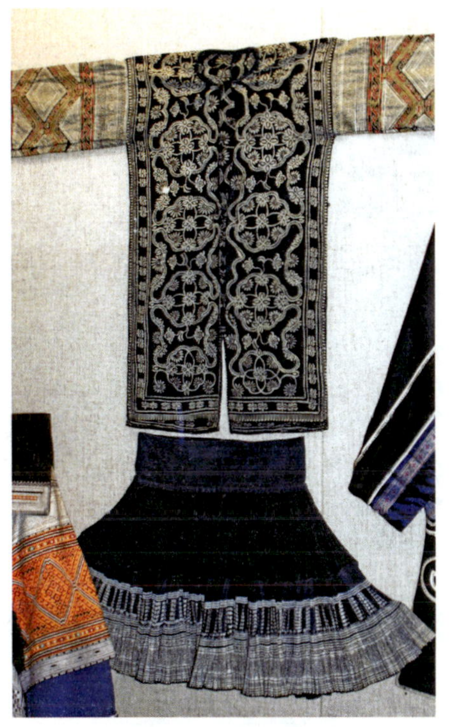

◆ मिआओ बाटिक बच्चों के वस्त्र

मीआओ जनजातीय समूह के लोग मुख्य रूप से हुईजोऊ, हन्नान, हुबेई, शिचुआन, यूनान प्रांतों तथा गुआंक्सी जुआंग स्वायत्तशासी क्षेत्र में रहते हैं। इनके एक हजार साल के इतिहास में बाटिक इनकी सबसे जानी मानी हस्तकला है जबकि कशीदाकारी, ज़रीकारी, बाटिक और कागज़ कतरन कला का काम भी ये करते हैं।

छपाई और रंगाई की इस प्राचीन परंपरा में बाटिक बनाने के कुछ बुनियादी चरण इस प्रकार हैं – सफेद और पीले रंग के मोम के साथ उचित अनुपात में गोंद को मिलाकर तरल मोम तैयार किया जाता है, इस तरल मोम से कपड़े के ऊपर छवियाँ बनाई जाती हैं उसके बाद कपड़े को हौज में डालकर रंगाई की जाती है और जब रंगाई का काम पूरा हो जाता है तो उसको गर्म पानी में धो दिया जाता है जिससे उसके ऊपर का मोम पिघल जाता है और कपड़े के ऊपर बनाई गई छवियाँ सफेद रंग में दिखाई देती हैं। मीआओ जनजाति के लोग गर्म मोम को फैलाने के लिए और छवियों के निर्माण के लिए ताम्बे के चाकू की महीन धार का प्रयोग करते हैं। उसके बाद एक बड़े बर्तन में मीआओ जनजाति के लोगों द्वारा उगाये गए नील के पौधे मिश्रित कर लिए जाते हैं जिसमें गर्म मोम लगे सफेद कपड़े को रंगा जाता है। कपड़े के ऊपर धीरे धीरे गर्म मोम को डालने की एक विशेष तकनीक मीआओ जनजाति के लोगों में बेहद लोकप्रिय है। वे पहले एक पतला प्लेट सफेद कपड़े के ऊपर रख देते हैं जिस पर अलग अलग प्रकार की छवियाँ बनी होती हैं और कपड़े को रंगे जाने से पहले गर्म मोम उस प्लेट के ऊपर डालते हैं। इस प्रक्रिया के अंत में गर्म पानी में कपड़े की धुलाई की जाती है जिससे मोम पिघल जाता है और सफेद और नीले रंग का छापा उभर कर सामने आ जाता है। मीआओ जनजाति द्वारा बनाई जाने वाली बाटिक की डिजाईन प्राकृतिक होती है और उसके ऊपर पशुओं और पौधों, तारों, बादलों आदि की छवियाँ उकेरी जाती हैं।

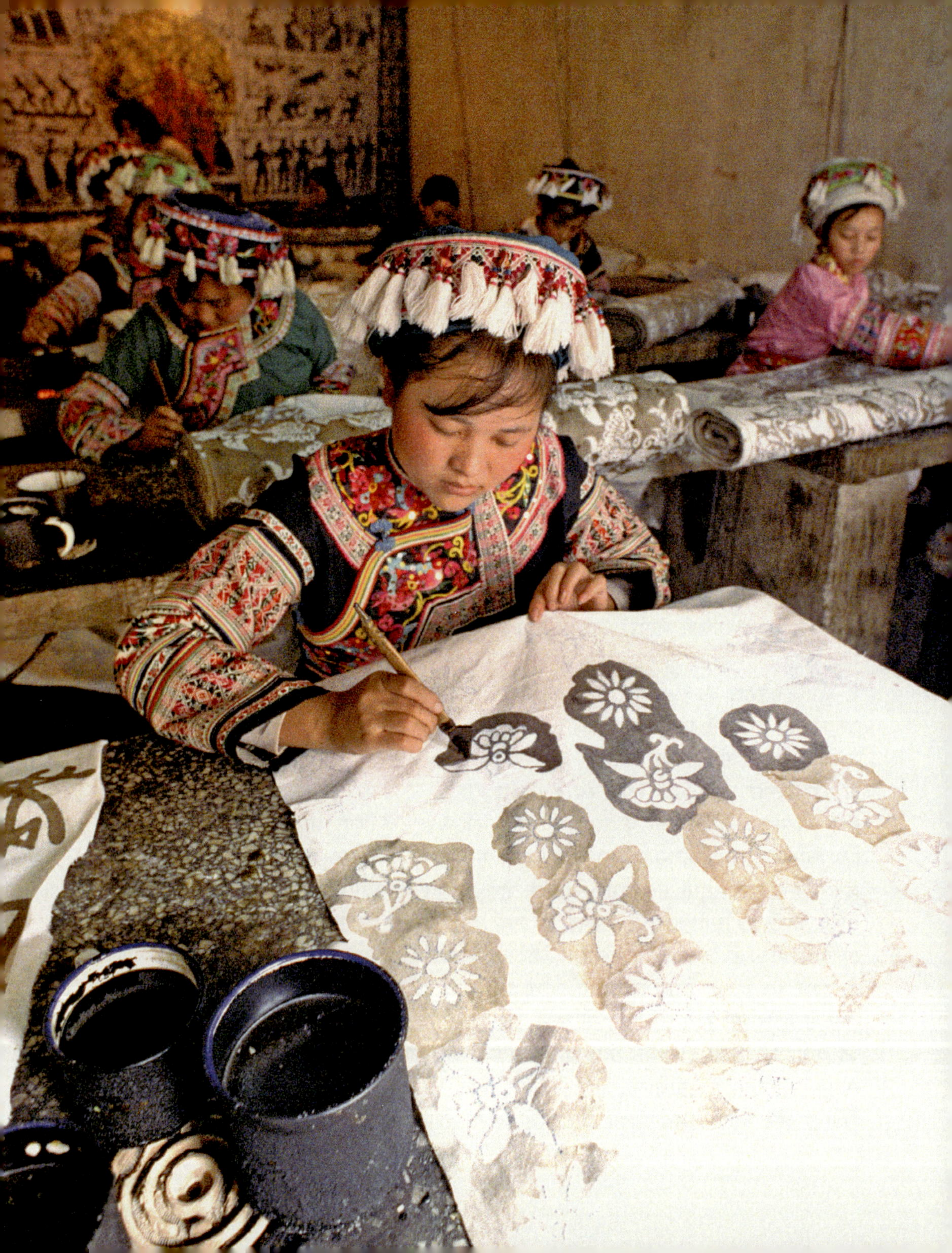

याओ बाटिक

याओ जनजातीय समूह मुख्य रूप से हुनान, युनान, गुआनदोंग और गुईजौऊ प्रांतों के पहाड़ी इलाकों तथा गुआंक्सी स्वायत्तशासी क्षेत्र में रहते हैं। याओ जनजाति की स्त्रियाँ बुनाई, छपाई, रंगाई और नक्काशी के हस्तशिल्प में माहिर होती हैं। वे जो कपड़े बनाती हैं वे चमकीले रंगों के होते हैं।

छपाई और रंगाई के लिए याओ मुख्य रूप से बाटिक का इस्तेमाल करते हैं। इसका तरीका यह है कि लकड़ी के दो छापों के बीच कपड़े को दबाया जाता है। उन छापों के ऊपर अलग अलग छवियाँ बनी होती हैं।उसके बाद पिघला हुआ मोम लकड़ी के उन छापों पर बनी छवियों के ऊपर डाला जाता है और उसके बाद कपड़े की रंगाई नील से की जाती है।कपड़े के सूख जाने के बाद मोम को हटा लिया जाता है। इससे जो उत्पाद तैयार होता है उसको याओ छापे वाले कपड़े कहा जाता है, जिनको अपने महीन काम तथा विपरीत प्रभाव वाले रंगों के प्रयोग के लिए जाना जाता है।

कपड़े को अधिक टिकाऊ और रंग को पक्का बनाने के लिए याओ जनजाति की औरतें कपड़े को गाय या सुअर के खून के द्रव्य में कई बार उबालकर कई बार सुखाती हैं। ऐसा माना जाता है कि इस तरह से तैयार किया गया कपड़ा शरीर के लिए अच्छा होता है।

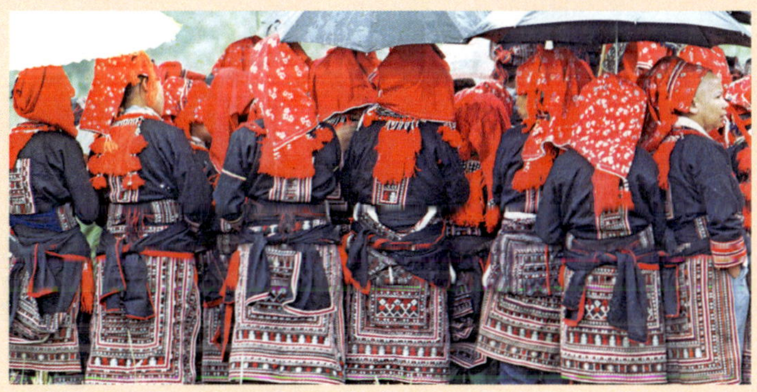

◆ याओ वस्त्र

बाई जनजातीय अल्पसंख्यक समूह की छपाई कला

बाई जनजातीय अल्पसंख्यक मुख्य रूप से यूनान प्रांत के बाई स्वायत्तशासी क्षेत्र में रहते हैं। इस क्षेत्र में बाँधनी शैली से बनाये गए वस्त्र बेहद लोकप्रिय हैं। इस तकनीक में सूती, रेशमी या लिनन के धागों को अच्छी तरह बाँधकर और गाँठ बनाकर उनको नील के हौज में डुबोया जाता है। इस तरह से अलग अलग तरीके से इनको बाँधने और गाँठ बनाने से कपड़ों पर अलग अलग प्रकार की छवियाँ उभर जाती हैं। जब बाँधनी की रंगाई का काम हो जाता है

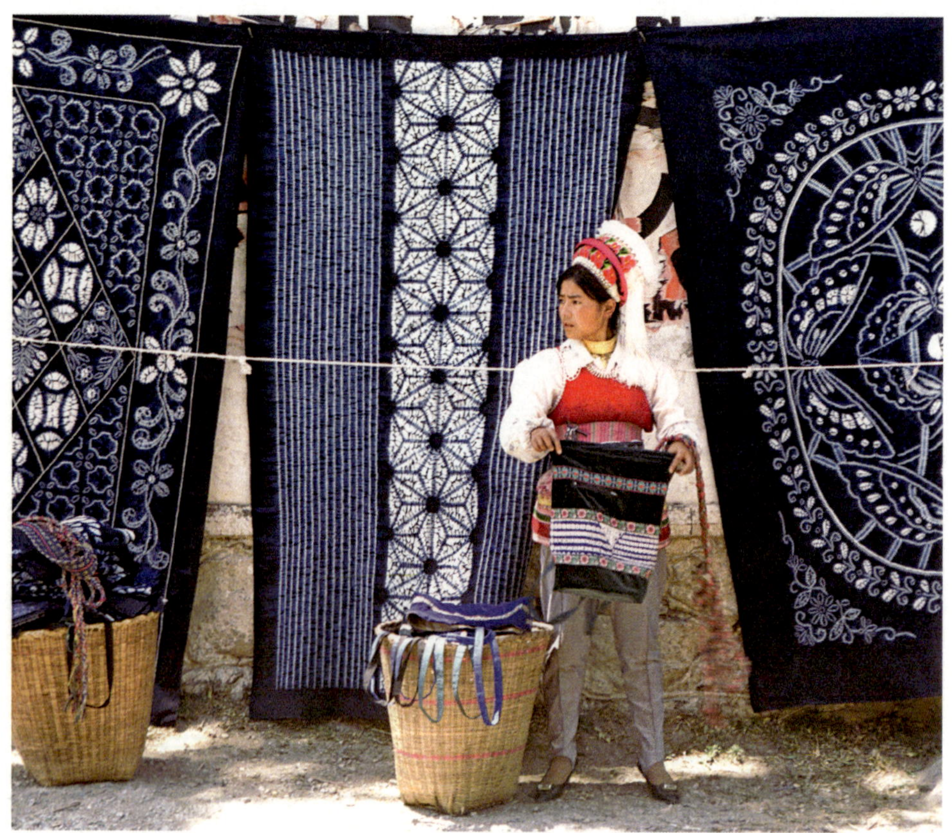

◆ एक बाई स्त्री कपड़े पर बाँधनी काम करते हुए

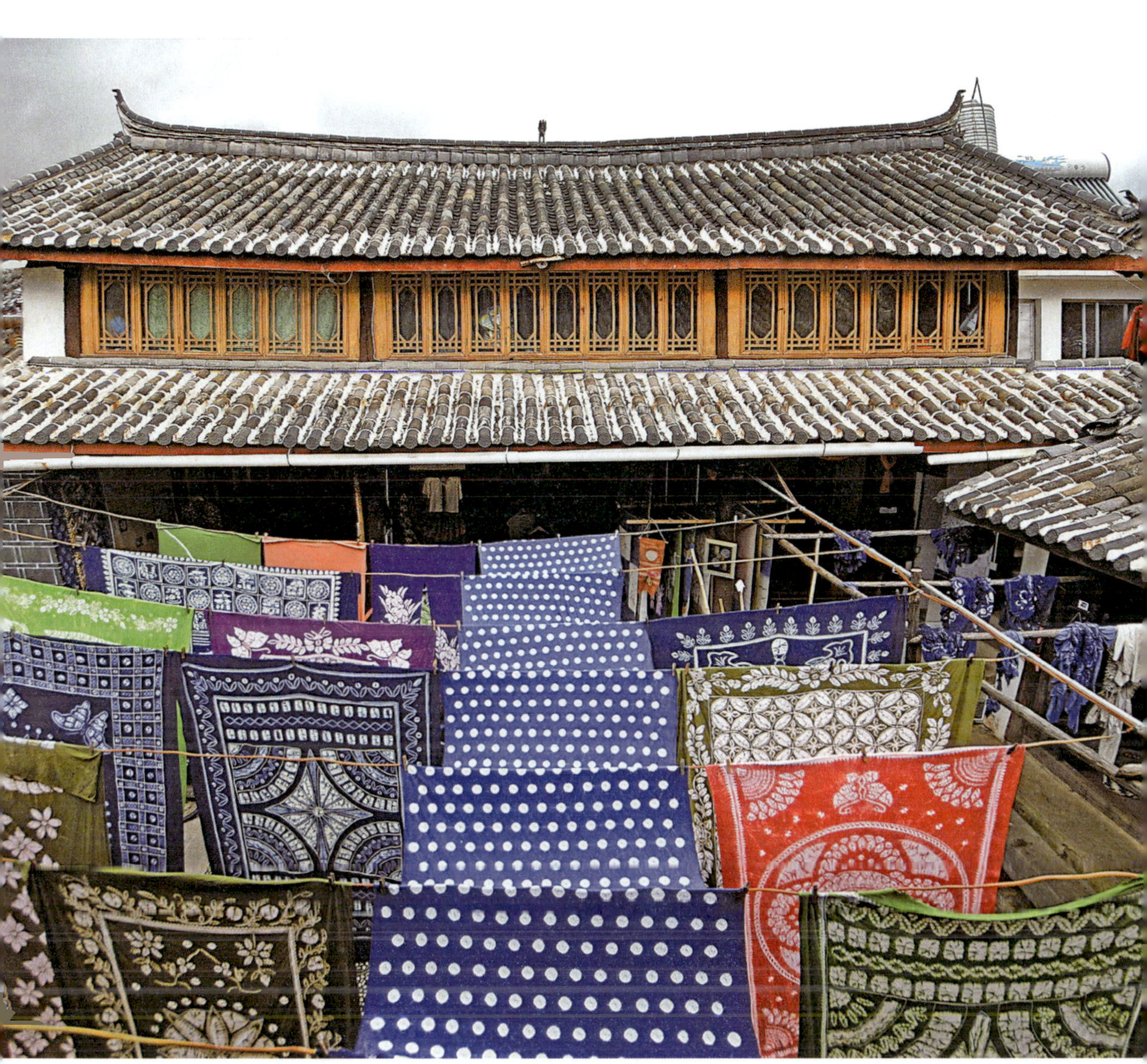

◆ एक बाई बाँधनी कार्यशाला

तो कपड़े पर नीले रंग की पृठभूमि में सफेद रंग की फूलों जैसी छवियाँ उभर कर आती हैं। इस डिजाईन से बाई बाई जनजातीय के लोगों की मेहनती, ईमानदार और सहज प्रवृति का पता चलता है।

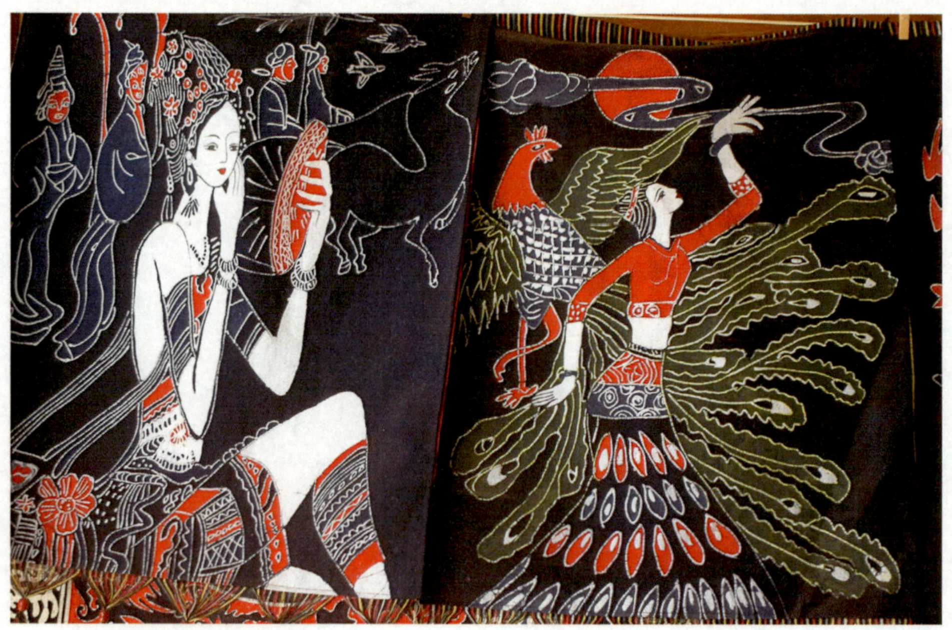

◆ समकालीन बाई बाँधनी उत्पाद